dumont taschenbücher

Jean Selz

DuMont's kleines

Lexikon des Impressionismus

DuMont Buchverlag Köln

Umschlag-Abbildung: Auguste Renoir, Das Frühstück der Bootsfahrer (Ausschnitt). 1881. Washington D. C., Phillips Memorial Gallery
Einführung von Jean Selz
Lexikon-Texte von Raymond Cogniat, Frank Elgar und Jean Selz

Aus dem Französischen von Katja Laske
Deutsche Erstveröffentlichung

Titel der französischen Originalausgabe: L'Impressionisme

2. Auflage 1992

Druck: J. P. Bachem, Köln
Buchbinderische Verarbeitung: Bramscher Buchbinder Betriebe

Printed in Germany ISBN 3-7701-0860-4

Inhalt

Der Impressionismus

Lexikon

Der Impressionismus

Die Stilrichtung

Die Geschichte des Impressionismus ist in erster Linie die Geschichte einer Gruppe von Malern, die es in den Jahren zwischen 1874 und 1886 wagten, ihre Werke außerhalb der offiziellen Pariser Salons auszustellen. Es ist zugleich die Geschichte einer bestimmten Stilrichtung, deren Anfänge sich schon lange vor der Entstehung dieser Gruppe nachweisen lassen und deren Auswirkungen auf die Malerei des 20. Jahrhunderts vielfältig und grundlegend werden sollten.

Was ist typisch für diese Stilrichtung? Wenn man von der allgemeinen Bedeutung des Wortes »Impressionismus« ausgeht, ist ihr Kennzeichen die Art und Weise, in der Impressionen wiedergegeben werden. Dabei muß man sich verdeutlichen, daß zwischen dem Naturschauspiel selbst und dem von ihm bei dem Betrachter hervorgerufenen Eindruck ein Unterschied besteht und daß dieser Eindruck auch wiederum bei allen unterschiedlich ist. Um die mit dem Begriff »Impressionismus« bezeichnete Maltechnik kennenzulernen, müssen wir die Bilder derjenigen Maler untersuchen, die eben diese Technik innerhalb der impressionistischen Stilentwicklung hauptsächlich angewandt haben. Ihre Zahl ist relativ klein; insbesondere gehören dazu Claude Monet, Auguste Renoir, Alfred Sisley, Camille Pissarro und Berthe Morisot. Sie alle, mit Ausnahme von Renoir, sind Landschaftsmaler (und auch Renoir, für den diese Bezeichnung nicht uneingeschränkt zutrifft, ist doch in seinen Landschaften am stärksten impressionistisch).

Was an der Malerei dieser Künstler zu allererst auffällt, was ihnen allen gemeinsam ist, ohne dadurch die persönliche Ausdruckskraft des einzelnen im geringsten zu schmälern, ist die Vorliebe für klare, helle Farben, vielfältige und lebhafte Farbnuancierung. Dies wird besonders dann offensichtlich, wenn man ihre Werke Bildern ihrer Vorgänger oder auch zeitgenössischer akademischer Maler gegenüberstellt. Von beiden unterscheiden sie sich gleichermaßen durch die Art, in der die Farbe auf die Leinwand aufgetragen ist: Die etwas langgezogenen oder komma-artigen Pinselstriche erwecken den Eindruck, als habe sich der Maler überhaupt nicht um die Form des Gegenstands gekümmert. Sie scheinen vielmehr einer raschen Bewegung der Hand zu gehorchen, die es dem Pinsel überläßt, ob er ihnen Schwere verleiht oder nicht. Gewöhnlich sind die verschiedenen Farben direkt nebeneinander auf die Leinwand gesetzt, ohne vorher auf der Palette gemischt worden zu sein; so entsteht ein flimmerndes Farbenspiel, das für das Empfinden des Betrachters tatsächlich die flüchtige Impression wiedergibt. Besonders deutlich wird das bei sonnigen, sich auf der Wasseroberfläche spiegelnden Landschaften: Flußufer, Teiche und Hafengewässer übten immer eine starke Anziehungskraft auf die Impressionisten aus. Sogar die Schatten in diesen Bildern sind aus mehreren Farbtönen zusammengesetzt.

Der Maler versucht also nicht mehr, seinen Pinselstrich zu verbergen, und wendet seinen lebhaften Farbauftrag in gleicher Weise auf alle Bildelemente an, seien es Bäume, Häuser, Wasser, Himmel oder menschliche Gestalten. Darin liegen die – zu ihrer Zeit revolutionären – Charakteristika der impressionistischen Malerei. Das Neue, damals Unverstandene, kündigt eine gewisse Autonomie der Farbe gegenüber dem Bildgegenstand an. Dies bedeutet den Bruch zwischen der klassischen und der modernen Malerei.

Die Vorläufer der Impressionisten

Schon lange vor den Impressionisten haben einige Maler die Farbe mit einer solchen Freiheit gehandhabt, daß sie als deren Vorgänger betrachtet werden dürfen. Beschränkt man sich auf diejenigen, bei denen diese Farbbehandlung am deutlichsten erkennbar wird, so muß man an erster Stelle Frans Hals erwähnen. Während eines Aufenthalts in Holland im Jahre 1872 studierte Manet mit großer Aufmerksamkeit im Museum in Haarlem die Werke von Frans Hals. Die Ausdruckskraft der Farbe und das Eigenleben der Pinselstriche in manchen Porträts beeindruckten ihn so sehr, daß sie seiner Malerei neue Impulse gaben, wie man in den im Anschluß an dieses Jahr entstandenen Gemälden bemerken kann, zum Beispiel in »Berthe Morisot mit schwarzem Hut/Berthe Morisot au chapeau noir«. Obwohl Manet sich aus Abneigung gegen die Malerei Cézannes und vor allem, weil er entschlossen war, sich im Salon durchzusetzen, konstant geweigert hat, an den Ausstellungen seiner Impressionisten-Freunde teilzunehmen, hat dies seinen Einfluß auf sie nicht schmälern können.

Neben Frans Hals gingen ihnen andere, zeitlich weniger ferne Künstler in der ersten Hälfte des 19. Jahrhunderts mit ihren kühnen Bildschöpfungen beispielhaft voran: die englischen Landschaftsmaler, hauptsächlich John Constable und J. M. William Turner (vgl. Farbabb. 1 und 2). Übrigens ist es bemerkenswert, daß Constable – ungeachtet des zeitlichen Abstands von einem halben Jahrhundert – einen ebenso großen Eindruck auf Delacroix wie auf Monet machte: Der eine sah seinen »Heuwagen« im Salon 1824, der andere sollte seine Werke 1871 in London kennenlernen. Beide bewunderten uneingeschränkt seine Fähigkeit, das Gefühl von Luft und Licht zu vermitteln, ein Gefühl, das erst spät in die französische Malerei Eingang fand, in der die Natur nicht um ihrer selbst willen geliebt wurde und keinen Eigenwert als Bildgegenstand zu besitzen schien, sondern nur den Rahmen für historische und mythologische Darstellungen abgab. Darüber hinaus wurde Delacroix durch das Studium von Constables Werken zu einer freieren Malweise ermutigt: Er mischte seine Farben nicht mehr auf der Palette, sondern erst auf der Leinwand. Auf dieses, von ihm später als »flochetage« bezeichnete Verfahren beriefen sich die Impressionisten (und mehr noch die Neo-Impressionisten, die in Delacroix einen ihrer Vorgänger sahen). Er selbst jedoch wendete diese Maltechnik nur teilweise an, etwa in bestimmten Partien seiner großen Gemäldekompositionen oder in kleinen Bildern, wie dem »Porträt Chopins«. Eine andere Verbindung läßt sich zwischen Constable und Boudin herstellen: Constables kleinformatige Strandansichten und Himmelsstudien nehmen in den 20er Jahren des 19. Jahrhunderts die Bildinhalte vorweg, die Boudin 50 Jahre später malen sollte.

Der stärkste aus England kommende Einfluß aber ging für die Impressionisten von Turner aus, genauer gesagt, von den späten Werken Turners (nach 1830), in denen Farbe und Licht die Zeichnung völlig aufzusaugen und jeden Gegenstand in der Atmosphäre aufzulösen scheinen. Mehr als jeder andere erwies sich dieser englische Maler als richtungweisend für die Stilentwicklung des Impressionismus, und das trotz der Vorbehalte, die Monet und Pissarro seinem Werk gegenüber später äußerten: Der eine warf ihm seinen Romantizismus vor, der andere vermißte bei ihm eine analytische Farbbehandlung der Schatten.

In Frankreich gehören die Vorläufer der impressionistischen Stilrichtung zwei verschiedenen Generationen an: Zum einen sind es die Zeitgenossen Delacroix' und Corots, zum anderen die Boudins. Zu den letzteren zählt auch Jongkind, der sich mit einer nervösen, speziell in seinen Aquarellen überaus sensiblen Handschrift der flüchtigen Augenblicke sich ständig verändernder Lichtverhältnisse zu bemächtigen suchte, in denen eine Landschaft unter einem wolkenbewegten Himmel sich darbietet (vgl. Farbabb. 69). 1862 freundete er sich eng mit Monet an und arbeitete mehrfach zusammen mit ihm und Boudin in Le Havre. Eine Mittelstellung zwischen diesen beiden Generationen nehmen die Maler der Schule von Barbizon ein, die eine möglichst naturalistische Landschaftsdarstellung anstrebten. Dennoch ist Courbet, den man als »Haupt der realistischen Schule« betrachtete, weit weniger ein Vor-Impressionist als etwa ein lange Zeit verkannter Künstler wie Auguste Ravier, der seine Landschaften aus großen, räumlich unbestimmten Farbblöcken komponierte. Henri Focillon hat diese Bilder wiederentdeckt und von »der verhangenen Sonne, die ihre zitternden Strahlen in die feuchte Abenddämmerung schickt« (»soleil troublé [qui laissait] palpiter ses rayons tremblants à travers des soirs gorgés de vapeurs«) gesprochen.

Die »Anonyme Gesellschaft«

Die Entwicklung einer Kunsttheorie, die letztlich zur freien Verfügung der Künstler über Malweise und Bildinhalte führte, verlief parallel zu der Entwicklung neuer Ideen auf sozialem Gebiet. So kam es, daß die kleine Gruppe um Manet, zu der in den Jahren zwischen 1866 und 1870 Degas, Renoir, Bazille, Fantin-Latour, Cézanne, Monet, Pissarro und einige andere zählten, fest entschlossen war, ihre künstlerischen Vorstellungen zu verwirklichen, gleichzeitig aber auch das Ziel verfolgte, sich gegen die Anfeindungen der Jury der Salons durchzusetzen, von der ihre Werke regelmäßig zurückgewiesen wurden. Im Café Guerbois, einem kleinen Café in der Grande Rue des Batignolles (der heutigen Avenue de Clichy), lieferten sie sich leidenschaftliche Diskussionen, manchmal sogar regelrechte Streitgespräche (besonders heftig waren die Dispute zwischen Manet und Degas). In diesem Café traf man auch Schriftsteller, unter anderem Emile Zola, Duranty und Armand Sylvestre. Die Pläne, die hier geschmiedet wurden, führten schließlich zur Gründung der »Anonymen Gesellschaft der Kunstmaler, Bildhauer und Grafiker« (»Société anonyme coopérative des Artistes peintres, sculpteurs, graveurs, etc.«). Ziel dieser Vereinigung war es, eine Solidaritätsbewegung unter Künstlern hervorzurufen, die weniger einheitliche ästhetische Vorstellungen als vielmehr die gemeinsame Gegnerschaft zur offiziellen Macht der Salons verband. Die von dieser Gruppe auf Anregung von Monet veranstalteten Ausstellungen richteten sich also letztlich gegen die Salons und gegen die von der Jury gesetzten Maßstäbe. Der Krieg von 1870 und die Pariser Kommune* verhinderten zunächst die Verwirklichung dieser Pläne, da die Mitglieder der Gruppe während dieser Zeit getrennt waren. Monet und Pissarro befanden sich in London, Manet in der Nähe von Bordeaux, Cézanne in Aix-en-Provence, Sisley in England und Berthe Morisot zuerst in Saint-Germain, später in Cherbourg.

Die erste Ausstellung konnte deshalb erst 1874 stattfinden. Für die Zeit vom 15. April bis zum 15. Mai dieses Jahres hatte der Fotograf Nadar, ein Freund der Maler, im zweiten Stock des Hauses Nr. 35 auf dem Boulevard des Capucines, Ecke Rue Daunou, einige Räume gemietet. 30 Künstler wurden hier mit 165 Werken der Öffentlichkeit vorgestellt; die vollständige Liste der ausstellenden Maler: Astruc, Attendu, Béliard, Boudin, Bracquemond, Brandon, Bureau, Cals, Cézanne, Colin, Degas, Debras, Guillaumin, Latouche, Lepic, Lépine, Levert, Meyer, de Molins, Monet, Berthe Morisot, Mulot-Durivage, de Nittis, A. Ottin, L.-A. Ottin, Camille Pissarro, Renoir, Robert, Rouart und Sisley.

Diese erste von acht »Impressionisten-Ausstellungen«, wie sie später genannt wurden, verzeichnete die größte Zahl an Teilnehmern. Doch nur wenige von ihnen, ein knappes Dutzend, sollten Berühmtheit erlangen. Renoir stellte damals sechs Gemälde aus, darunter »Die Loge/La Loge«, eines seiner schönsten Bilder überhaupt. Von Monet war das Werk zu sehen, auf das sich die Bezeichnung »Impressionismus« zurückführen läßt: »Impression – Aufgehende Sonne/Impression – Soleil levant« (datiert 1872; Farbabb. 83). Monet hatte Schwierigkeiten bei der Benennung dieses Bildes, das er in Le Havre von seinem Fenster aus gemalt hatte und das dennoch nicht im eigentlichen Sinn eine »Ansicht von Le Havre« war. Vor einem rosaroten Himmel sieht man die Umrisse von Schiffen verschwommen aus den blauen Schleiern der Morgendämmerung auftauchen und sich im Hafenwasser spiegeln. Durch leichte Pinselstriche und weitgehende Negierung der unter der Farbe liegenden Zeichnung wird hier wirklich eine Impression wiedergegeben, ein zutiefst poetisches Stimmungsbild notiert, dessen künstlerische Form jedoch manchem Betrachter nachlässig und unfertig er-

* Aufstand von Arbeiterschaft und Nationalgarde am 18. 3. 1871 gegen die Nationalversammlung. Der gewählte revolutionäre Gemeinderat *(Commune)* strebte eine Umwandlung Frankreichs in einen Bund souveräner Gemeinden an. Er wurde im Mai 1871 von Regierungstruppen niedergeschlagen.

schien und deshalb beim Publikum auf Unverständnis und bei den Kritikern auf Ablehnung stieß.

Am 25. April veröffentlichte Louis Leroy in der Zeitschrift *Charivari* einen Bericht unter dem Titel »Exposition des Impressionistes«. Dieser Name sollte den Künstlern bleiben, auch wenn der Artikel eigentlich als Schmähschrift gegen die ausstellenden Maler und ihren Stil gedacht war. Im Zusammenhang mit dem Gemälde von Monet ließ der Verfasser einen Ausstellungsbesucher sagen: »Eine rohe Tapete ist besser als dieses Seestück!« Ein anderer Kritiker, Jules Claretie, schrieb, Monet, Pissarro und Berthe Morisot hätten »der Schönheit den Krieg erklärt«. Daraufhin kam das Publikum, um sich die »absurden Schmierereien« anzusehen und sich darüber zu entrüsten.

Allem Widerstand zum Trotz folgten der Ausstellung von 1874 noch sieben weitere: 1876 bei Durand-Ruel in der Rue Le Peletier; 1877 in einer leerstehenden Wohnung im Haus Nr. 6 derselben Straße; 1879 in der Avenue de l'Opéra Nr. 28 – und zwar unter der Bezeichnung »Unabhängige Künstlervereinigung« (»Un groupe d'artistes indépendants«); 1880, Rue des Pyramides Nr. 10; 1881, Boulevard des Capucines Nr. 35; 1882, Rue Saint-Honoré Nr. 251; 1886 schließlich im ersten Stock der »Maison Dorée«, dem Eckhaus an der Kreuzung von Rue Laffitte und Boulevard des Italiens.

Von den 55 Künstlern, die insgesamt an den acht Ausstellungen teilnahmen, war nur Pissarro auf allen vertreten. Degas, Berthe Morisot und Henri Rouart (ein mehr durch sein Gespür als Kunstsammler denn durch seine eigene Malerei bekannt gewordener Ingenieur und Industrieller) stellten immerhin siebenmal aus. Eine Anzahl derer, die an der ersten Ausstellung mitbeteiligt waren, nahm vorsichtigerweise in der Folgezeit davon Abstand. Dafür tauchten neue Namen auf; hier sollen nur die bekanntesten genannt werden: J.-F. Millet und Caillebotte kamen im Jahre 1876 hinzu; Gauguin, Mary Cassatt, Lebourg, Forain und Zandomeneghi 1879; Raffaëlli und Vignon 1880; Seurat, Signac, Lucien Pissarro (der Sohn von Camille Pissarro), Odilon Redon und Schuffenecker schließlich 1886. Wenn man bedenkt, daß auf der letzten Ausstellung weder Monet noch Renoir noch Sisley vertreten waren, so ist es problematisch, noch von einer »Gruppe« oder gar einer »impressionistischen Gruppe« zu sprechen. Und tatsächlich war die Bezeichnung »impressionistisch« schon seit einigen Jahren bei diesen Veranstaltungen nicht mehr aufgetaucht.

Die acht »Impressionisten-Ausstellungen« – so ihre übliche Benennung – waren also eigentlich nie repräsentativ für die gesamte Bewegung. Die künstlerischen Absichten der Maler näherten sich durch die gemeinsamen Ausstellungen keineswegs einander an, im Gegenteil, die Unterschiede wurden dadurch eher betont. Dennoch verdankt der Impressionismus diesen Ausstellungen und dem durch sie ausgelösten Skandal seinen Erfolg und seine Berühmtheit; in gewisser Weise konnte er sich so einen festen Platz in der Geschichte der Malerei sichern.

Die Häufigkeit der Teilnahme der Maler an den Ausstellungen ist im übrigen kein Gradmesser für den impressionistischen Charakter ihrer Malerei. Monet, der sowohl aufgrund seines Oeuvres, als auch durch seinen mitreißenden Einsatz, seine Überzeugungskraft und seinen Einfluß als eigentlicher »Vater des Impressionismus« bezeichnet werden kann, stellte nur fünfmal zusammen mit der Gruppe aus – einmal mehr als Renoir und Sisley, zweimal weniger als Degas, dessen künstlerische Absichten sich immer mehr in eine Richtung entwickelten, die ihn von den Vorstellungen seiner Freunde entfernte. Eine Sonderstellung nimmt Cézanne ein: Er zeigte nach 1877 seine Bilder nicht mehr in der Öffentlichkeit; ihn beherrschte von da an – im Gegensatz zu den Impressionisten – das Problem des Bildaufbaus; die Beschäftigung damit führte letzten Endes zur Entstehung des Kubismus.

Das kunstgeschichtlich nennenswerteste Ereignis des Jahres 1886 war nicht etwa die Auflösung der Gruppe, die – beinahe ohne ihr Wissen – den Impressionismus begründet hatte, sondern vielmehr das Auftauchen einer neuen Stilrichtung. Deren Vertreter Seurat und Signac sowie Pissarro, der sich ihnen ganz überraschend anschloß, hatten sich eine wissenschaftliche Untersuchung der Farbprobleme zum Ziel gesetzt. Außerdem beabsichtigten sie die theoretische Fundierung der neuen künstlerischen Ausdrucksform, die zwar von Félix Fénéon den Namen »Neo-Impressionismus« erhalten hatte, in Wirklichkeit aber der freien Malweise der Impressionisten eher entgegenstand, als sie weiterzuentwickeln. Die spezielle Art des Farbauftrags in Form von lauter gleichmäßigen Farbtupfen, auch »Divisionismus« genannt, ist gemeinhin unter dem Namen »Pointillismus« bekannt.

Unterdessen setzten die Impressionisten ihr Werk mit einer Entschlossenheit fort, der kein Widerstand und keine Anfeindung etwas anhaben konnten. Aber es sollte noch Jahre dauern, ehe ihre Absichten verstanden wurden und ehe ihre Kunst von allen Museen der Welt als einer der großen Augenblicke der französischen Malerei anerkannt wurde.

Neo-Impressionisten und Nach-Impressionisten

Als Künstler, denen die Freiheit mehr bedeutete als Doktrinen, haben die Impressionisten keine einzige kunsttheoretische Abhandlung hinterlassen. Ihre künstlerische Ausdrucksweise und ihre Farbauffassung stützten sich nichtsdestoweniger auf wissenschaftliche Vorarbeiten, die etwa 40 Jahre früher der Chemiker Chevreul unternommen hatte und die von 1878 an durch die Forschungen von Helmholtz, Sutter, Rood und anderen ausgeweitet und vervollständigt wurden. Auf diesen Arbeiten basiert die Theorie der »optischen Mischung« oder des »Divisionismus«. Die Prinzipien dieser Theorie werden im Artikel über Seurat erläutert; außerdem wird dort berichtet, wie es dazu kam, daß Seurat das Haupt der neo-impressionistischen Schule wurde.

In Zeitschriften wie *L'Art Moderne* und *La Vogue* kommentierte und verteidigte Fénéon den Neo-Impressionismus. Signac hätte diese Kunstrichtung, deren eifrigster Anhänger, aktivster Protagonist und Theoretiker er war, lieber »Chromo-Luminarismus« benannt. Seurat, der sorgfältig darauf bedacht war, sich die Urheberschaft an der neuen Maltechnik nicht streitig machen zu lassen – in dieser Beziehung war er wohl der empfindlichste der Pointillisten* –, war hingegen über die steigende Zahl seiner Anhänger keineswegs beglückt. Zu ihnen gehören unter anderem Henri-Edmond Cross, Charles Angrand, Albert Dubois-Pillet, Theo van Rysselberghe, Hippolyte Petitjean, Maximilien Luce, Henry van de Velde, Lucie Cousturier, Louis Hayet und andere. Ruft man sich die Namen all derer ins Gedächtnis, die für einen mehr oder weniger langen Zeitraum mit dem Neo-Impressionismus in Verbindung gestanden haben, so ist man verblüfft über dessen Verbreitung, trotz seiner im Gegensatz zum eigentlichen Impressionismus weitaus geringeren historischen Bedeutung und trotz seines ziemlich beschränkten Einflusses. Dies liegt daran, daß die pointillistische Malweise auf Anhieb durchschaubar ist, wohingegen der Impressionismus in den vielfältigsten Erscheinungsformen auftritt. Dennoch kam der von Seurat vorausgesehene Moment, in dem der Pointillismus in seiner Spätphase nur noch ein Etikett war, mit dem so unterschiedliche Stile versehen wurden wie der Realismus eines Henri Martin oder eines Le Sidaner einerseits und der Futurismus von Giacomo Balla andererseits. Balla wandte die pointillistische Malweise im Jahre 1912 für seine spezielle Darstellung von Bewegung an, wie zum Beispiel in seinem Bild »Ein Mädchen läuft über den Balkon/Bambina che corre sul balcone«.

* Anm. d. Übers.: Der Verfasser benutzt hier ein Wortspiel: le plus pointilleux des Pointillistes.

Noch vorher übte der Neo-Impressionismus seinen direktesten und stärksten Einfluß auf die Entwicklung der Fauves aus. Henri Matisse war einer der ersten, der seiner Anziehungskraft erlag; 1904, zu einer Zeit, in der er seinen eigenen Weg noch nicht gefunden hatte, hielt er sich zusammen mit Signac und Cross in Saint-Tropez auf. Durch deren Beispiel angeregt, probierte er die divisionistische Methode aus, die nach Signacs Worten »eine Philosophie und keine Methode« war. Matisse verwendete dieses Prinzip in einem Gemälde mit dem Titel »Luxus, Stille und Wollust/Luxe, calme et volupté«, dessen Aufbau eine deutliche Verwandtschaft zu der »Landschaft mit Badenden/Paysage aux baigneuses« (1894) von Cross und dem Bild »Harmonische Zeit/Au temps d'harmonie« (1895) von Signac aufweist. Nachdem Matisse im Dezember 1904 die große Ausstellung Signacs in der Galerie Druet gesehen hatte, nahm sein Interesse für die neo-impressionistische Technik noch weiter zu. Dennoch benützte er sie nur während einiger Monate und auch da nicht ausschließlich. In seinen neo-impressionistischen Werken von 1905, zum Beispiel »Pastorale« oder »Frau mit Sonnenschirm/La Femme à l'ombrelle«, kündigt sich schon der noch im gleichen Jahr entstehende Fauvismus an. Der Ursprung des Fauvismus aus dem Neo-Impressionismus erklärt übrigens die bei den Schülern von Seurat und besonders auch bei Signac zu findende – zwar nicht absolute, aber doch sehr häufige – Verwendung der reinen Farbe. So ziemlich alle Fauves hatten wie Matisse ihre pointillistische Periode: Louis Valtat, André Derain, Maurice de Vlaminck und Georges Braque. In einigen Bildern von Braque kann man besonders gut den Übergang vom Neo-Impressionismus zum Fauvismus erkennen, zum Beispiel in »L'Estaque« von 1906: Hier finden sich große, einheitliche Farbflächen in direkter Nachbarschaft zu rechteckigen Farbflecken, die ihre Herkunft von einem fortgeschrittenen Pointillismus nicht leugnen. Auch bei anderen Malern, deren Kunst zwischen Impressionismus und Fauvismus einzuordnen ist, findet man noch Spuren des Neo-Impressionismus, vor allem bei van Gogh ab 1887 in seinen Ansichten der Butte Montmartre. Hier manifestiert sich jedoch schon sein ganz persönlicher Stil in den wie gestrickt wirkenden, stark in die Länge gezogenen Pinselstrichen. Übrigens probierte van Gogh seine Farbkombinationen mit verschiedenfarbigen Wollfäden aus. Der kleine japanische Kasten mit diesen Wollfäden im van Gogh-Museum in Amsterdam ist der am wenigsten bekannte und gleichzeitig eigenartigste Gegenstand zur Geschichte des Neo-Impressionismus. Neben van Gogh müssen noch andere Künstler erwähnt werden, die von dieser Richtung beeinflußt waren: Gauguin im Jahre 1888, van Dongen gegen 1905, Delaunay 1906 und

Mondrian gegen 1910 und 1911. Zwar hatte Gauguin zuvor seine impressionistische Periode und wandte sich – nachdem er in Pont-Aven in der Bretagne die seinen gleichzeitig symbolistischen und »synthetistischen« Zielen entsprechende Atmosphäre gefunden hatte – einer völlig anderen Malweise zu; dennoch blieb sein Werk weiterhin bestimmt von dieser Liebe zur Farbe, die er den Impressionisten verdankte und die ihn sagen ließ: »Wenn man einen blauen Schatten sieht, dann muß man ihn so blau wie möglich malen.« (»Si vous voyez une ombre bleue, il faut la peindre la plus bleue possible.«) Länger als Gauguin blieb Toulouse-Lautrec dem lebhaften Pinselstrich treu; von 1886 an verlieh er mit Hilfe dieser Technik seinen Gestalten und Porträts diesen lebendigen Ausdruck, den man auch bei Renoir findet. Damit wurde in bezug auf die Personendarstellung das weiterentwickelt, was Monet und Pissarro für die Landschaft erreicht hatten. Ohne ihr faszinierendes Vorbild, das seine Malleidenschaft und seinen Ausdruckswillen stimulierte, hätte Toulouse-Lautrec zweifellos niemals ein Oeuvre von so außergewöhnlicher, freier Ausdruckskraft schaffen können.

Die Auswirkungen des Impressionismus sind so offensichtlich und so vielfältig und weitreichend, daß es ermüdend und sinnlos wäre, seine unzähligen Spuren bis in die Malerei des 20. Jahrhunderts hinein zu verfolgen. Das verblüffendste Beispiel ist wohl Bonnard: Er wurde 1910 Impressionist und blieb es bis zu seinem Tod im Jahre 1947. Auch in Deutschland zählen zu Beginn dieses Jahrhunderts einige Künstler wie Max Liebermann, Lovis Corinth und Max Slevogt zu den Nach-Impressionisten. Verfolgt man die vor einem Jahrhundert erreichte Befreiung der Farbe in ihrer Entwicklung weiter, so muß man zugeben, daß der Tachismus in der abstrakten Malerei deren logische Konsequenz darstellt.

Im Jahr 1947 wurde im Jeu de Paume in Paris das »Musée de l'Impressionisme« gegründet, das zu den Sammlungen des Louvre gehörte und etwa 500 Gemälde enthielt. Diese Bestände befinden sich seit 1986 im Musée d'Orsay; dort kann man zum Beispiel die 38 Bilder der Sammlung Caillebotte sehen, die der Staat 1894 als Schenkung akzeptierte. Die übrigen 27 Stücke der Sammlung wurden damals abgelehnt. Aus heutiger Sicht erscheint es kaum verständlich, daß so viele Meisterwerke – bevor sie 1897 in das »Musée du Luxembourg« einzogen – mit rüdem Protest aufgenommen wurden. Die Ablehnung gipfelte in einer Anfrage im Senat, bei der die Sammlung Caillebotte als »Herausforderung an den guten Geschmack des Publikums« und als »Antithese zur französischen Kunst« bezeichnet wurde.

1 John Constable (1776-1837), Ansicht von Epsom. Um 1808. London, Tate Gallery

2 William Turner (1775-1851), Die Piazzetta. 1839/40. London, Tate Gallery

3 Richard Parkes Bonington (1802-1828), Das Wasserbecken in Versailles. 1825. Paris, Louvre

Lexikon

4 Paul Cézanne, Der Neger Scipio. 1866-1868. São Paulo, Museu de Arte Moderna

Académie Suisse. In einer trostlosen Behausung am Quai des Orfèvres in Paris gründete während der Zweiten Restauration ein ehemaliges Modell namens Suisse, genannt »Père Suisse«, eine private Akademie, für die das monatliche Unterrichtsgeld zehn Francs betrug. Hier traf man Bonington (vgl. Farbabb. 3), Delacroix und Courbet, der 1842 zum Aktzeichnen hierherkam. Ihre Glanzzeit erlebte die Académie Suisse um 1860, als sie von den späteren Impressionisten besucht wurde. 1859 lernte → Pissarro hier → Monet und → Guillaumin kennen; im April 1861 traf er hier → Cézanne, der gerade Aix-en-Provence verlassen hatte. Beide schlossen sehr bald eine unverbrüchliche Freundschaft. Eines der Modelle der Académie Suisse inspirierte Cézanne zu seinem berühmten Gemälde »Der Neger Scipio / Le Nègre Scipion« (heute im Museum in São Paulo; Abb. 4). Die Académie Suisse war lange Zeit eine Art Vorzimmer der Ecole des Beaux-Arts; hier konnten die Künstler ihre kühnen Bildideen in einer Form realisieren, wie sie die offizielle Kunst damals nie geduldet hätte.

Atelier Gleyre. Der Name des aus der Schweiz stammenden Malers Charles Gleyre (1808–1874) wäre längst in Vergessenheit geraten, hätten nicht → Monet, → Bazille, → Sisley und → Renoir im Jahre 1862 sein Atelier besucht. Nach Äußerungen von Renoir billigte der Lehrer seinen Schülern einige Freiheit zu. So soll er eines Tages Renoir gefragt haben: »Malen Sie etwa aus Vergnügen?«, worauf dieser antwortete: »Aber sicher! Sonst würde ich es bestimmt nicht tun.« Das Atelier Gleyre ergänzte gewissermaßen die Ecole des Beaux-Arts. Die hier im offiziellen Unterricht vertretenen Anschauungen spiegelt ausgezeichnet die folgende Bemerkung wider, die Monet einmal beim Aktzeichnen zu hören bekam: »Junger Mann, beim Darstellen einer Person müssen Sie immer an die antike Kunst denken. Die Natur ist sehr gut zum Studium geeignet, aber nicht eigentlich interessant. Es ist der Stil, auf den es ankommt!« – Gustave Geffroy zufolge sollen die vier befreundeten Maler das Atelier Gleyre im Anschluß an eine Korrekturstunde verlassen haben, die ihren Vorstellungen nicht entsprach.

Bazille, Frédéric (* 1841 in Montpellier, † 1870 in Beaune-la-Rolande). Bazille stammte aus einer alten protestantischen Familie im Languedoc. 1862 kam er nach Paris und freundete sich hier ziemlich schnell mit → Monet, → Renoir und → Sisley an. Er hatte die Maler im → Atelier Gleyre kennengelernt, wo er neben seinem Medizinstudium an Kursen teilnahm. Bald sollte er sich ganz seiner großen Leidenschaft, der Malerei, verschreiben. Weniger wegen seiner Begabung, die wirklich vorhanden war, als aufgrund seiner herzlichen Beziehung zu den Freunden, die er auch finanziell unterstützte, spielte Bazille eine entscheidende Rolle bei der Entstehung des Impressionismus. Im Alter von 29 Jahren fiel er in der Schlacht von Beaune-la-Rolande und konnte so weder dessen Verbreitung noch dessen öffentliche Anerkennung miterleben. Er hinterließ ein abwechslungsreiches, durch helle Farbigkeit und atmosphärische Klarheit bestimmtes Werk, dem allerdings Geschlossenheit und Überzeugungskraft fehlen. Starb Bazille, bevor er seine Fähigkeiten voll entfalten konnte, oder hatte er schon sein Äußerstes gegeben, als er im Krieg fiel? Wie dem auch sei, im Vergleich mit den großartigen Bildkompositionen von Renoir und Monet fehlt seinem Hauptwerk »Familientreffen – Die Familie des Künstlers auf einer Terrasse bei Montpellier / La Réunion de famille« (1867; Paris, Musée d'Orsay; Farbabb. 6) die eigentliche Ausdruckskraft.

Boudin, Eugène (* 1824 in Honfleur, † 1898 in Deauville). Boudin war Buchhändler in Le Havre, als Millet sein künstlerisches Talent entdeckte und ihn ermutigte, sich ganz der Malerei zu widmen. Boudin machte einige Reisen nach Belgien, Holland und Nordfrankreich; danach verließ er die Küste der Normandie nur noch einmal (1895), um an die Côte d'Azur und nach Venedig zu fahren. Von → Jongkind, den er neben Baudelaire, Courbet und → Monet in Le Havre kennengelernt hatte, wurde er entscheidend beeinflußt. Die Impressionisten ihrerseits sahen in ihm einen ihrer Vorgänger. Boudin malte den Himmel und das Wasser der Kanalküste (vgl. Farbabb. 8), die atmosphärische Klarheit und die Lichtreflexe auf den Krinolinen der Frauen am wellenumspülten Strand (Farbabb. 9). Höher bewertet als seine Gemälde werden seine flüchtigen Skizzen und seine kleinformatigen Entwürfe. Hier hat sein Pinsel mit bewundernswerter Lebendigkeit die vor seinem Auge am Horizont vorüberziehenden, flüchtigen Formen festgehalten. Boudin ist mit seinen Bildern sowohl im Musée d'Orsay als auch in den Museen von Le Havre und Honfleur gut vertreten; dem Zeichnungs-Kabinett des Louvre vermachte er über 6000 Skizzen, Pastelle und Aquarelle.

Café Guerbois. Seit 1866 – vor allem aber in den Jahren 1868 und 1869 – war das Café Guerbois in der Avenue de Clichy Nr. 9 jeweils am Freitag das Stammlokal von → Manet und seinem

5 Charles Gleyre, Verlorene Illusionen. 1843. Paris, Louvre (Foto: Roger-Viollet)

Kreis, dem die Schriftsteller und Kunstkritiker → Zola, → Duranty, → Duret sowie die Maler → Bazille, → Degas, → Renoir, → Pissarro, → Monet, → Sisley, Guys und Stevens, der Bildhauer Astruc, der Grafiker Bracquemond und der Fotograf → Nadar angehörten. → Cézanne trat hier immer nur kurz in Erscheinung, doch seine Auftritte hinterließen großen Eindruck. Im Café Guerbois fanden die ersten enthusiastischen Zusammenkünfte der Impressionisten statt. Hauptthema war die Stellungnahme für oder gegen den »Pleinairismus«, die Freilichtmalerei. Daneben ging es immer wieder um die fernöstliche Kunst, die auf der Weltausstellung von 1867 zu sehen gewesen war; vor allem die japanischen Holzschnitte erregten großes Interesse. Nach dem Krieg von 1870 wurden die Versammlungen wieder aufgenommen, deren geistiger Mittelpunkt nach wie vor Manet war. Im Café Guerbois lernte Manet auch den Grafiker Bellot kennen, der ihn zu seinem Bild »Das gute Bockbier / Le Bon Bock« (Abb. 10) anregte. Ebenfalls hier entwickelte sich eine feste Freundschaft zwischen Clémenceau und Monet. Die regelmäßigen Besuche im Café Guerbois hörten etwa 1876 auf, als die Künstler und ihre Anhänger in das Lokal »La → Nouvelle Athènes« überwechselten.

Caillebotte, Gustave (* 1848 in Paris, † 1894 in Gennevilliers). Obwohl er selbst Maler war, ist er in erster Linie als Freund der Impressionisten und einer ihrer größten Mäzene bekannt. Sein künstlerisches Werk ist relativ klein, verrät aber ein besonderes Talent. Zwischen 1876 und 1882 nahm Caillebotte an fünf Ausstellungen der Impressionisten teil. Seine Porträts ebenso wie seine Landschaftsbilder stehen weitgehend unter dem Einfluß von → Degas; in seinen Ansichten von Paris oder seinen Szenen aus dem Arbeitsleben jedoch macht sich deutlich sein persönlicher Stil bemerkbar. Testamentarisch ver-

6 Frédéric Bazille, Familientreffen – Die Familie des Künstlers auf einer Terrasse bei Montpellier. 1867. Paris, Musée d'Orsay

7 Frédéric Bazille, Porträt Auguste Renoirs. 1867. Paris, Musée d'Orsay

8 Eugène Boudin, Der Handelshafen in Le Havre. 1896. Le Havre, Musée des Beaux-Arts

9 Eugène Boudin, Krinolinen am Strand von Trouville. 1869. Paris, Privatbesitz

10 Edouard Manet, Das gute Bockbier – Le Bon Bock. Der Grafiker Bellot im Café Guerbois. Philadelphia, Museum of Art, Sammlung Caroll S. Tyson (Foto: Giraudon)

machte Caillebotte seine beachtliche Sammlung von nicht weniger als 65 impressionistischen Gemälden dem Staat, der sie unter dem Druck der Mitglieder der Akademie zurückwies. Nach dreijährigen Verhandlungen und infolge einer Pressekampagne wurde schließlich wenigstens ein Teil, 38 Bilder, angenommen. Aber es dauerte noch bis 1928, ehe diese Werke – zu denen unter anderem »Die Schaukel / La Balançoire« und »Tanz im Moulin de la Galette / Le Moulin de la Galette« (Farbabb. 99) von → Renoir sowie »Die roten Dächer / Les Toits rouges« von → Pissarro gehörten – ihren feierlichen Einzug in den Louvre halten konnten.

Cassatt, Mary (* 1845 in Pittsburgh / USA, † 1926 in Mesnil-Théribus / Oise). Die Malerin, die sich 1872 endgültig in Paris ansiedelte, stammte aus einer im 17. Jahrhundert nach Amerika ausgewanderten französischen Familie. Von Kindheit an war sie mit dem französischen Gedankengut und der französischen Kunst vertraut. Als Autodidaktin studierte die junge, reiche Amerikanerin die Hauptwerke der großen Museen in Frankreich und im übrigen Europa. 1874 stellte sie im Salon aus. → Degas, der sie entdeckte und sie mit seinen Ratschlägen ermutigte, machte sie mit den Impressionisten bekannt. Der Impressionismus wiederum verdankt unter anderem ihr seine Popularität in den USA. Genauso wie → Manet im Werk von Berthe → Morisot wirkt der Einfluß von Degas in dem von Mary Cassatt, vor allem in den Bildern, die das Thema »Mutter mit Kind« variieren. Sie besitzen einen sehr intimen Zauber und verraten ein beachtliches Talent, daneben aber auch eine gewisse Geziertheit. Wohl den besten Teil ihrer Oeuvres machen ihre Zeichnungen und vor allem ihre Holzschnitte nach dem Vorbild der japanischen Kunst aus, mit denen sie beachtliche Effekte zu erzielen wußte (vgl. Farbabb. 11).

Cézanne, Paul (* 1839 und † 1906 in Aix-en-Provence). Nach einer gründlichen Ausbildung am Städtischen Gymnasium in Aix, wo er sich mit seinem Mitschüler Emile → Zola anfreundete, bestand er erfolgreich das Abitur und immatrikulierte sich – entsprechend dem Wunsch seines Vaters – an der Juristischen Fakultät. Daneben besuchte er weiterhin Kurse an der Zeichenschule in Aix, an denen er, seiner eigenen Neigung folgend, schon seit 1856 teilnahm. Sein ausdauernder Fleiß, seine überschwängliche Begeisterung und seine Sensibilität konnten allerdings seine recht geringe Begabung kaum aufwiegen. Cézanne war von kleiner, untersetzter Statur, keineswegs schön, ein dunkler Typ mit mürrischem Gesichtsausdruck, breiter Stirn, einer Adlernase, lebhaften Augen und schnellen Bewegungen. Er liebte es, zu baden, zu jagen und lange Spaziergänge durch die Natur zu machen. Er widmete sich auch der Musik und blies im Schulorchester das Horn, sein Freund Zola die Flöte. 1859 erwarb sein Vater in der Nähe von Aix einen im 17. Jahrhundert von dem Marquis de Villars errichteten Landsitz: »Le Jas de Bouffan«. Hier verbrachte die Familie Cézanne zusammen mit dem Sohn und den beiden Töchtern die Sommermonate, und hier richtete sich Paul auch sein erstes Atelier ein. Damals hatte er schon die Entscheidung über seine Zukunft gefällt – er wollte Maler werden, auch gegen den Widerstand seines Vaters, der in ihm schon den Nachfolger als Geschäftsführer seiner Bank sah. Paul malte heimlich und schenkte seinem Jura-Studium nur wenig Aufmerksamkeit. Emile Zola, der inzwischen nach Paris gezogen war, bestürmte ihn nachzukommen. Cézannes Vater widersetzte sich diesem Plan, gab im April 1961 aber schließlich doch nach.

Nun war Paul Cézanne also in Paris. Er bewohnte ein möbliertes Zimmer in der Rue des Feuillantines, studierte an der → Académie Suisse, machte die Bekanntschaft von → Pissarro und unterhielt weiterhin eine freundschaftliche Beziehung zu Zola. Mit den 125 Francs, die ihm sein Vater monatlich schickte, konnte er seinen Lebensunterhalt nur mit Mühe bestreiten. Die Hektik der Großstadt mißfiel ihm, und seine ersten Bilder fand er selbst alles andere als zufriedenstellend. Schließlich wurde ihm auch noch die Aufnahme an die Ecole des Beaux-Arts mit folgender Begründung verweigert: »Cézanne hat eine koloristische Begabung; leider aber malt er mit Ungestüm.« Entmutigt kehrte er nach Aix zurück, zur großen Freude seines Vaters, der ihm eine Stelle in seiner Bank anbot.

Cézanne jedoch war weit davon entfernt, die Malerei den Bankgeschäften zu opfern, sondern zeichnete und malte wie besessen weiter. Die Wände von »Le Jas de Bouffan« schmückte er mit vier großen Wandbildern, den »Vier Jahreszeiten / Les Quatre Saisons« (heute im Petit Palais in Paris). Diese Gemälde waren von ihm als Parodie gedacht, und aus Spaß signierte er sie respektlos mit »Ingres«. Außerdem malte er damals ein Selbstbildnis sowie ein Porträt seines Vaters. Im November 1862 kehrte er

11 Mary Cassatt,
Morgentoilette. 1891.
Farbholzschnitt

12 Paul Cézanne,
Selbstporträt. 1880.
Bern, Kunstmuseum

13 Paul Cézanne, Die blaue Vase. 1885-1887. Paris, Musée d'Orsay

nach Paris zurück. Hier traf er häufig mit den Impressionisten zusammen, deren Malerei er jedoch nicht besonders schätzte. Er bekam Kontakt mit → Monet, → Degas und → Renoir, seine eigentliche Bewunderung aber gehörte den Werken von Delacroix und Courbet. Cézanne zeigte sich in jener Zeit in seinen eigenen Bildern sehr romantisch; er selbst nannte seine Malerei zynisch »couillarde«; sie gefiel ihm übrigens ebenso wenig wie sonst irgend jemandem. Genau genommen paßte ihm überhaupt nichts, und er fühlte sich nirgends richtig wohl: Er brach eine aufkommende Freundschaft zu einem berühmten Künstler einfach ab, wechselte ständig seine Wohnung, verließ schließlich voller Abscheu Paris, kam aus Neugierde wieder, zog sich nach Aix zurück und kehrte dieser Stadt ebenfalls bald darauf erneut den Rücken. Aus Ärger darüber, daß er vom Salon wieder einmal abgewiesen wurde, ging er 1866 nach Aix. Den Winter 1867/68 verbrachte er dann in Paris – selbstverständlich in einer neuen Unterkunft. Mehrere Male tauchte er kurz im berühmten → Café Guerbois auf, wo sich → Manet, Renoir, Stevens, Zola, Léon Cladel, → Duranty und andere trafen; aber er fühlte sich auch dort nicht wohl. Sein Bild »Der Glühwein oder Nachmittag in Neapel / Grog au vin ou l'Après-midi à Naples« wurde 1867 vom Salon abgelehnt. Im gleichen Jahr lernte er Marie-Hortense Fiquet kennen, ein junges Modell, das er 1870 mit nach Estaque nahm, wohin er sich vor der Mobilmachung flüchtete.

Nach Kriegsende ließ sich Cézanne – nun 32 Jahre alt – wieder in Paris nieder. Bis zu diesem Zeitpunkt war seine Malerei heftig, düster, theatralisch und spiegelte seine sexuellen Zwangsvorstellungen und Wunschträume wider. Von jetzt an malte er Landschaften, Stilleben und Porträts – von Zola, Achille Emperaire und Anthony Valabrègue –, aber auch Szenen des Todes und der Ausschweifung sowie Kompositionen aus dem Leben der Komödianten. In diesen Bildern ist die Farbe pastos und wie modelliert auf die Leinwand aufgetragen; stumpfe Blau- und fahle Weißtöne sind als Schlaglichter auf die düsteren Bildgründe gesetzt. Tintoretto, Magnasco, Crespi, Goya und Daumier, alle großen Barockmaler scheinen bei diesen lyrischen Werken, diesen verzerrten Formen, diesen ganz alltäglichen Farben – kurz, bei allem, was ein überschäumendes Temperament befriedigt – Pate gestanden zu haben: »Die Entführung / L'Enlèvement«, »Die Versuchung des heiligen Antonius / La Tentation de saint Antoine«, »Die Autopsie / L'Autopsie«, »Der Neger Scipio / Le Nègre Scipion«, »Maria Magdalena oder Der Schmerz / La Madeleine ou la Douleur«, »Eine moderne Olympia / Une moderne Olympia«; die beiden letzten Bilder befinden sich heute im Musée d'Orsay in Paris. Über diese Gemälde fällte Manet ein vernichtendes Urteil, als er den Impressionisten Antoine Guillement fragte: »Wie kann dir eine so dreckige Malerei gefallen?« (»Comment peux-tu aimer la peinture sale?«)

Hortense Fiquet schenkte 1872 Cézanne einen Sohn, den er Paul nannte. Die Familie siedelte sich nun in Auvers-sur-Oise an, wo Cézanne zwei Jahre lang in der Nachbarschaft von → Pissarro und → Guillaumin lebte. Durch deren Ratschläge und deren

Einfluß hellte sich seine Palette auf, sein Pinselstrich gewann an Genauigkeit, und seine künstlerischen Ausdrucksmittel wurden einfacher. Die beiden Bilder »Das Haus des Gehenkten / La Maison du pendu« (Paris, Musée d'Orsay; Farbabb. 22) und »Das Haus des Doktor Gachet / La Maison du docteur Gachet« (Basel, Kunstmuseum) kennzeichnen diese Veränderung. In jener Zeit lernte Cézanne van → Gogh kennen, wurde von Dr. → Gachet in seinem Schaffen ermutigt und konnte sogar einige Bilder an verständige Kunstliebhaber verkaufen. Bei seiner Rückkehr nach Paris traf er die Impressionisten im Café »La → Nouvelle Athènes« wieder, stellte mit ihnen zusammen aus und nahm auch – trotz eines gewissen Widerstands von ihrer Seite – am ersten impressionistischen Salon bei → Nadar im Jahre 1874 teil. Diese Ausstellung stieß fast nur auf sarkastische Ablehnung und Unverständnis, und Cézanne wurde davon nicht ausgenommen, ganz im Gegenteil. Doch immerhin kaufte Graf Doria sein »Haus des Gehenkten«, und der Zollbeamte Victor → Chocquet, der seine Malerei sehr bewunderte, wurde sein enger Freund und diente ihm mehrfach als Modell.

Von 1874 bis 1877 arbeitete Cézanne ruhig und produktiv in einem gemieteten Atelier in der Rue de Vaugirard Nr. 120 (dem späteren Quai d'Anjou). Das Bild »Das Wasserbekken von Jas de Bouffan / Le Bassin du Jas de Bouffan« von 1874 gehörte noch ganz in seine impressionistische Periode; demgegenüber ist »Das Meer bei Estaque / La Mer à l'Estaque« – ein Gemälde, das im Sommer 1876 entstand – schon nach den Regeln eines neuen Klassizismus aufgebaut. Die anschließend daran geschaffenen opulenten Stilleben, die verschiedenen Porträts seiner Frau sowie die Serie der Badenden bestätigen diese Entwicklung. Cézanne verzichtete dabei auf die kleinen Pinselstriche und die Zerlegung der Farben und malte jetzt in großen Flächen, mit dem Ziel, Räumlichkeit und Ausgewogenheit des Bildaufbaus zu erreichen. Sein Werk gewann dadurch an geistiger Dichte, Geschlossenheit und plastischer Intensität. Der Maler selbst aber wurde verbittert, ertrug kaum noch die Gesellschaft und die Eitelkeiten seiner Mitmenschen. Die regelmäßige Zurückweisung seiner Bilder durch den Salon, die Spötteleien seiner Kollegen von der Ecole des Beaux-Arts und das anhaltende Unverständnis des Publikums seiner Kunst gegenüber verstärkten seine Schwermut. An der Impressionisten-Ausstellung in der Rue Le Peletier im Jahre 1877 beteiligte er sich mit 16 Werken, die ebenso feindselig aufgenommen wurden wie 1874. Sein Vater, der weder seine Künstlerlaufbahn noch seine Verbindung mit Hortense Fiquet jemals gebilligt hatte, kürzte seinen ohnehin knappen Unterhaltszuschuß. Daraufhin isolierte sich Cézanne mehr denn je und wurde immer verschlossener. Obwohl er seiner Umgebung mit seinen Forderungen und seinen verrückten Ideen langsam lästig wurde, bleiben ihm einige Freunde weiterhin treu; einer von ihnen war der Maler Guillemet, dem es 1882 gelang, daß ein Bild Cézannes im offiziellen Salon ausgestellt wurde. Von nun an lebte Cézanne wieder in der Provence und verließ diese Gegend nur noch, um unumgängliche Fahrten nach Paris oder Besuche bei

14 Paul Cézanne, Tulpen und Äpfel. 1890-1894. Chicago, Art Institute, Sammlung Lewis L. Coburn

15 Paul Cézanne, Stilleben mit Äpfeln. 1890-1900. New York, Museum of Modern Art, Sammlung Lillie P. Bliss

16 Paul Cézanne, Knabe mit roter Weste. 1890-1895. Zürich, Sammlung E. Bührle

Freunden zu machen: 1885 folgte er einer Einladung Renoirs nach La Roche-Guyon, 1886 fuhr er zu Victor Chocquet nach Hattenville.

Im Jahre 1883 lernte Cézanne den Maler Adolphe Monticelli kennen. Zu Fuß durchwanderten die beiden Künstler die Provence, um gemeinsam zu arbeiten, mit besonderer Vorliebe in Gardanne. Im April 1886 heiratete Cézanne in Anwesenheit seiner Eltern Hortense Fiquet, obwohl er für sie keinerlei Gefühle mehr hegte. Im Oktober desselben Jahres starb sein Vater, fast 90jährig, und hinterließ ihm ein für damalige Verhältnisse bedeutendes Vermögen von zwei Millionen Francs. Cézanne empfand jetzt nur noch Widerwillen den Menschen gegenüber – 1886 hatte er sogar mit Zola gebrochen – und widmete seine ganze Schaffenskraft und Zeit der Malerei. Seine Frau und seine Schwester führten ihm den Haushalt und überwachten die Erziehung seines Sohnes. Er selbst ging 1888 für ein Jahr nach Paris; hier traf er häufig van Gogh, → Gauguin und Emile Bernard, obwohl er sich nicht besonders gut mit ihnen verstand. Nach diesem Jahr zog er sich endgültig nach Aix zurück und machte von dort aus nur noch kurze Reisen nach Fontainebleau, Giverny, Vichy und Paris. Mit den ersten Anzeichen einer Zuckerkrankheit verstärkte sich sein Jähzorn. Er zerstritt sich mit mehreren Freunden, namentlich und ohne eigentlichen Grund mit Claude Monet. Er arbeitete jetzt mit fieberhaftem Eifer, wenn auch voller Zweifel an sich selbst. Trotz allem war keine Periode seines künstlerischen Schaffens so ausgeglichen und so ungetrübt wie die zehn Jahre zwischen 1885 und 1895. Damals entstanden folgende Bilder: »Stilleben mit Kommode / La Commode« (München), »Die blaue Vase / Le Vase bleu« (Paris, Musée d'Orsay; Farbabb. 13), »Jahrmarkt / Le Mardi-Gras« (Moskau), das »Porträt Gustave Geffroys«, die drei Fassungen des »Knaben mit roter Weste / Le garçon au gilet rouge« (vgl. auch Farbabb. 16) und die Porträts seiner Frau. In diesen Jahren schuf Cézanne auch die Serie der »Kartenspieler / Les Joueurs de cartes« (vgl. Farbabb. 19), von denen es fünf Fassungen gibt, deren letzte sich im Louvre befindet. Über zehnmal variierte er das Thema »Badende« (vgl. Farbabb. 20): Er behandelte es als geometrisches Problem, indem er sich bemühte, die Gesetzmäßigkeit des Bildaufbaus zu bestimmen. Seine bevorzugten Landschaftsmotive waren der Familienbesitz »Le Jas de Bouffan«, dessen Kastanienallee er mehrfach gemalt hat, sowie Ansichten der Ortschaft Gardanne, des Golfs von Marseille, von Estaque aus gesehen (eine Version befindet sich im Musée d'Orsay, Paris; Farbabb. 17), und schließlich die »Montagne Sainte-Victoire« (vgl. Farbabb. 21), besonders der Blick mit der großen Pinie. Insgesamt entstanden in dieser Zeit über 250 Gemälde. Cézannes Ausdauer, um nicht zu sagen: Hartnäckigkeit, begann Früchte zu tragen: Er war zwar noch nicht berühmt, aber immerhin wurde sein Name bekannt. Dank der Bemühungen Victor Chocquets erschien eines seiner Werke auf der Weltausstellung von 1889. Als Teil der Schenkung Caillebotte wurden drei der oben erwähnten Bilder zusammen mit 24 Gemälden anderer heute berühmter Maler von der Direktion der Ecole des Beaux-Arts abgelehnt. Doch bald darauf wurde Cézanne für diese Niederlage Genugtuung zuteil: Bei der Versteigerung von Théodore → Durets Sammlung kaufte Claude Monet die »Dorfstraße / Route dans un village« für 800 Francs. → Vollard veranstaltete in seiner Galerie in der Rue Laffitte eine Ausstellung mit 150 Werken Cézannes, die trotz der einmütigen Empörung von Presse und Publikum und trotz des Protests der offiziell anerkannten Maler für die weitere Verbreitung seines Rufs sorgte – unabhängige Künstler und neugewonnene Kunstliebhaber bezeugten ihm nun ihre Sympathie. In seiner Isolation traf ihn der Tod seiner Mutter besonders hart; seine Kunst wurde immer lyrischer und näherte sich barocken Ausdrucksformen. Aus einem Gefühl der Pietät seinen Eltern gegenüber beschloß er, nicht mehr nach »Le Jas de Bouffan« zurückzukehren, sondern das Haus zu verkaufen. Von da an arbeitete er am liebsten in Château Noir. 1899 war er noch ein letztes Mal in Paris und lebte dann zusammen mit seiner ihm treu ergebenen Haushälterin Madame Brémond bis zu seinem Tod in Aix.

Die feindselige Haltung des Publikums und der offiziellen Institutionen konnte die wachsende Berühmtheit Cézannes nicht verhindern. Sieben seiner Gemälde erbrachten nach dem Tod Victor Chocquets im Jahre 1899 einen Erlös von 17 600 Francs. Die Berliner Museen kauften eines seiner Landschaftsbilder. 1901 nahm er in Brüssel an einer Ausstellung unter dem Titel »Freie Ästhetik« (»Exposition de la Libre Esthétique«) teil. Im Salon des Indépendants war er in den Jahren 1899, 1901 und 1902 vertreten; 1904 wurde ihm im Salon d'Automne – auf dem er auch 1905 und 1906 ausstellte – sogar ein ganzer Raum gewidmet. Das bedeutete den Durchbruch: Von jetzt an wurde er vom Publikum anerkannt, die Jugend bewunderte ihn, und man brachte ihm allgemein Verehrung und Sympathie entgegen – Maler, Schriftsteller und Dichter kamen nach Aix, um ihm ihre Reverenz zu erweisen. Aber sein Alter und seine schwere Krankheit machten ihn noch mißtrauischer und reizbarer, als er ohnehin schon war. 1905 vollendete er – nach siebenjähriger Beschäftigung mit diesem Bild – seine »Großen Badenden / Les Grandes Baigneuses« (Philadelphia, Museum of Art; Farbabb. 19). Am 15. Oktober 1906 wurde er beim Malen im Freien von einem Gewitter überrascht, erkältete sich und wurde ohnmächtig, so daß man ihn in einem Karren nach Hause fahren mußte. Madame Brémond ließ sofort seine Frau und seinen Sohn benachrichtigen, doch trafen ihn diese nicht mehr lebend an. Cézanne starb mit den Sterbesakramenten versehen am 22. Oktober 1906.

Eine Gegenüberstellung von Cézannes Oeuvre mit der Malerei seiner Zeit veranschaulicht die ungeheure, durch ihn initiierte, radikale Veränderung von Seh- und Malweise. Seine künstlerischen Absichten waren dem empirischen Ideal der Impressionisten absolut konträr – auch wenn er es Pissarro verdankte, daß er sich von dem ungebändigten Romantizismus seiner Jugend befreien und seine Beobachtungsgabe und sein Farbempfinden entwickeln konnte. Ebenso wie die Impressionisten war er ein Realist; er war es jedoch noch in weit größerem Maße, denn er verstand es, den Realismus zu überwinden, das heißt, über

17 Paul Cézanne, Ansicht von Estaque. 1882-1885. Paris, Musée d'Orsay

18 Paul Cézanne, Stilleben mit Zwiebeln und Flasche. 1895-1900. Paris, Musée d'Orsay

19 Paul Cézanne, Die Kartenspieler. 1890-1892. New York, Metropolitan Museum of Art, Sammlung Stephen C. Clark

die »petite sensation«, den momentanen Sinneneindruck, hinauszugehen. Durch Willenskraft und intensives Nachdenken gelang es ihm, die naive, ursprüngliche Frische der Empfindung wiederzuentdecken, die er im Bild festschreiben, konkretisieren und verewigen wollte. Er baute in seinen Werken eine Welt, deren Form, Komposition und Farbe dauerhaft und allgemeingültig sind. Obwohl er Poussin, Daumier und Courbet glühend verehrte, übernahm er nicht deren Formgestaltung durch Hell-Dunkel-Effekte, sondern versuchte im Gegenteil die Einzelform zu verabsolutieren, indem er ihren Kern freilegte, ihre innere Struktur aufzeigte und ihr Eigenwert gab. Selbst dem Unruhigsten und am wenigsten Greifbaren – wie Atmosphäre, Luft, Nebel, Dunst und Rauch – gab er malerische Konsistenz. In seinen Landschaften haben Himmel und Wasser genauso viel Kraft und Festigkeit wie Bäume, Felsen oder Häuser. Seine Aussage, daß »man die Natur auf die Grundformen von Zylinder, Kugel und Kegel zurückführen muß . . .« (»Traiter la nature par le cylindre, la sphère, le cône . . .«), sollte später von den Kubisten wiederaufgenommen werden. Das Problem, die dreidimensionale Wirklichkeit auf einer zweidimensionalen, ebenen Bildfläche wiedergeben zu müssen, löste Cézanne durch einen festgefügten und durchdachten Aufbau seiner Bildräume, in die er seine kubischen Häuser, seine Baumarchitekturen, seine wie aus Zement wirkenden Gestalten und seine kegelförmigen Früchte ordnete und hineinberechnete. Vertikale und horizontale Linien schneiden sich im rechten Winkel; dadurch entsteht der Eindruck von Größe, Ausgewogenheit und Klarheit. Seine Erkenntnis, daß »sich die Natur nicht an der Oberfläche, sondern vielmehr im Inneren der Gegenstände manifestiert« (»la nature est plus en profondeur qu'en surface«), führte ihn dazu, die dritte Dimension – ohne Rücksicht auf übliche perspektivische Darstellungsweisen – durch die unerwartete Staffelung der Flächen, durch das Versetzen sichtbarer Ecken sowie durch einen weit oben im Bild verlaufenden Horizont zu suggerieren, wie etwa in der »Ansicht von Estaque / L'Estaque« (Paris, Musée d'Orsay; Farbabb. 17). Bei der Wiedergabe von Gegenständen, einschließlich der sie umgebenden Luft, ihrer Form und Atmosphäre, wollte Cézanne nicht auf die Hell-Dunkel-Technik der akademischen Malerei und schon gar nicht auf das lockere Farbenspiel und die schillernden Lichtreflexe des Impressionismus zurückgreifen. Indem er sich von den üblichen Methoden der Malerei löste, machte er eine für die Kunst des Abendlandes äußerst folgenreiche Entdeckung: Licht und Schatten existieren nicht mehr; besser gesagt: Sie werden jetzt mit Hilfe von Farbwerten ausgedrückt. Farbtöne ersetzen die Modellierung, Farbkontraste das Hell-Dunkel. Unter Beibehaltung der Lokalfarben und unter Verzicht auf Farbmischung, Abstufungen und Übergänge arbeitet Cézanne nur mit reinen Farben und Kontrasten von reinen Farben. »Mit der Farbe modellieren« (»Modeler par la couleur«) – das versuchte schon Antonello da Messina und nach ihm die Venezianer. Zu einer endgültigen Errungenschaft der Malerei wurde diese Technik aber erst durch Cézanne, der schließlich ein dem Bild immanentes Licht entdeckte, das sich zu dem natürlichen Licht verhält wie das Bild zur Natur. Dabei fand Cézanne zu einer neuen Interpretation von Plastizität und Zeichnung: Da die Form erst während des Malvorgangs vom Künstler mit dem Pinsel festgelegt wird, ergibt es sich von selbst, daß Zeichnung und Farbe eine untrennbare Einheit eingehen. Er selbst formulierte es in dem berühmten Satz: »Wenn die Farbe ihren ganzen Reichtum entfaltet, dann hat auch die Form die größte Fülle.« (»Quand la couleur est à sa richesse, la forme est à sa plénitude.«) Von diesem Augenblick trat Farbkontrastierung oder das Nebeneinander von warmen und kalten Farben an die Stelle der impressionistischen Farbzerlegung. Der Pinselstrich wird selbst zu einer farbigen Fläche, einer kleinen, dichten, körnigen Farbmasse, die vom Künstler mit Überlegung und Farbempfinden auf die Leinwand aufgetragen wird. Cézanne wollte ausschließlich Maler sein, nichts anderes. In seinen Augen zählte nur die Malerei; so schrieb er an Emile Bernard: »Sie sollen Maler sein und nicht Schriftsteller oder Philosoph.« (»Soyez peintre et non pas écrivain ou philosophe.«) Für literarische Sujets, Genreszenen und allegorische Darstellungen hatte er nichts übrig; seine Vorliebe galt einfachen Gegenständen, vertraut wirkenden Landschaften und Porträts einfacher Leute. Seine »Badenden« malte er nicht, um die Schönheit des menschlichen Körpers zu verherrlichen oder um einer Mode zu huldigen, sondern allein um neue plastische Formen und Rhythmen zu finden. Als leidenschaftlicher Maler machte Cézanne aus dem Bild eine konkrete und vollständige Welt, eine in sich selbst begründete, geschlossene Wirklichkeit. Darin beruht sein nachhaltiger Einfluß auf die junge Künstlergeneration. Er hinterließ ihr eine vollkommene Technik und eine absolute Schöpfung: das »Bild«, das heißt, eine Architektur aus Farben und Formen, die weder Momentaufnahme noch historisch oder anekdotisch bedingte Darstellung und schon gar kein »Abbild« der Natur ist, sondern in ihrer bildimmanenten Realität zusammenhängend, unzerstörbar und zeitlos. Das Erbe der alten Meister verband und bereicherte Cézanne mit seinen eigenen Entdeckungen; sein unbezwingbarer Mut und sein Genie führten ihn dabei bis an die äußerste Grenze des Erreichbaren. »Poussin auf dem Gebiet der Naturdarstellung zu wiederholen . . . Aus dem Impressionismus etwas Solides und Dauerhaftes wie die Kunst in den Museen zu machen« (»Refaire Poussin sur nature . . . Faire de l'Impressionisme quelque chose de solide et de durable comme l'art des musées«) – das ist, auf eine Kurzformel gebracht, sein Glaubensbekenntnis. Sein Werk ist ein Beispiel an Energie: In dieser überaus kräftigen und ausgewogenen Kunst ist der Trieb nur mit Mühe gebändigt; der Maler ist hin- und hergerissen zwischen seinem sich selbst geduldig anerzogenen Klassizismus und seinem verborgenen barocken Temperament, das manchmal unversehens gerade in den festgefügtesten Kompositionen hervorbricht. Hierin liegt die Erklärung für die Bildelemente, die den Kritikern Cézannes so lange als Gegenargumente gedient haben: wackelige Tische und Stühle, asymmetrische Vasen, steife Gliedmaßen, schielende Gesichter, schräge

20 Paul Cézanne, Die großen Badenden. 1898-1905. Philadelphia, Museum of Art, Sammlung Wilstach

Körperhaltung, am Schnittpunkt von vertikalen und horizontalen Linien zusammenbrechende Formen, der Eindruck von Unbeholfenheit und Unförmigkeit.

Das barocke Element drang während der letzten zehn Jahre seines Schaffens stärker in sein Werk ein, ohne jedoch die von ihm bewußt gesetzten Grenzen zu durchbrechen. Er malte Stilleben auf einem unsicheren und nicht näher bestimmbaren Unterbau; Ansichten von der Montagne Sainte-Victoire, in denen ein inneres Feuer zu lodern scheint; Bäume, die wie vom Blitz getroffen aussehen, und unter Gewitterhimmeln aufleuchtende »Ansichten des Château Noir«. In diesen Bildern Cézannes ist der Fauvismus schon weitgehend enthalten, so wie der Expressionismus in der »Versuchung des heiligen Antonius« von 1867 und der Kubismus in den »Kartenspielern«. Es gibt wohl keinen modernen Maler, der sich nicht in Augenblicken des Zweifels mit Cézanne beschäftigt hätte und durch sein Beispiel stimuliert wurde – dies gilt für Matisse, Derain, Vlaminck und viele andere. Braque, Léger und Jacques Villon erklärten bei einer Umfrage im Dezember 1953: »Wir sind alle von Cézanne ausgegangen.« Auf der anderen Seite beanspruchen ihn die Neo-Klassizisten in dem Maße als Vorbild, in dem er der naturalistischen Tradition verhaftet geblieben ist. Mit Recht beziehen sich auch die Surrealisten und ebenso die Realisten auf Cézanne als den Vater der absoluten Malerei und Initiator eines bis heute andauernden intellektuellen Abenteuers. Dieser innerlich zerrissene Mann – voller Unruhe im Herzen, aber auch voller Sicherheit in geistiger und künstlerischer Hinsicht – sollte eine neue Tradition begründen. Er selbst hat einmal gesagt: »Ich werde der Anfang des Weges bleiben, den ich entdeckt habe.« (»Je reste le primitif de la voie que j'ai découverte.«) Sicherlich gab es noch andere Neuerer der Kunst, auf die sich die heutigen Maler berufen können. Sie sind jedoch nur Vorläufer, Cézanne aber ist ihrer aller Ahnherr.

Chocquet, Victor (* um 1840 in Lille, † 1898). Der bescheidene Zollbeamte – seinerzeit »der gute Chocquet« genannt – war ein begeisterter und eifriger Sammler; einen nicht unbeträchtlichen Teil seines schmalen Einkommens legte er in impressionistischen Bildern an. Er erwarb zuerst mehrere Gemälde von Delacroix und eines von → Manet, »Weiße Pfingstrosen / La Branche de pivoines blanches«, das sich heute im Musée d'Orsay in Paris befindet. Im Laden Père → Tanguys in der Rue Clauzel entdeckte Chocquet die damals noch unbekannten Impressionisten, denen er von Anfang an uneingeschränkte Bewunderung entgegenbrachte. Am 24. März 1875 lernte er im Hôtel Drouot → Renoir kennen, anläßlich der berühmten Versteigerung, die dieser zusammen mit → Monet, → Sisley und Berthe → Morisot dort organisiert hatte. Im Jahre 1876 porträtierte Renoir den gütigen und nachdenklichen Chocquet (Abb. 25), danach dessen Frau. Renoir war es auch, der Chocquet mit → Cézanne bekannt machte. Chocquet diente Cézanne ebenfalls mehrfach als Modell: das erste Mal 1877, ein anderes Mal im Sommer 1889, als Cézanne sich im Haus Chocquets in Hattenville in der Normandie aufhielt. Es erstaunt nicht

21 Paul Cézanne, Montagne Sainte-Victoire, von Les Lauves aus gesehen. 1904-1906
Zürich, Kunsthaus

22 Paul Cézanne, Das Haus des Gehenkten. 1873.
Paris, Musée d'Orsay

23 Henri-Edmond Cross, Der Hafen von Toulon. Paris, Privatbesitz

24 Henri-Edmond Cross, Die Woge. Um 1907. Paris, Musée d'Orsay

25 Auguste Renoir, Porträt Victor Chocquets. 1876. Winterthur, Sammlung Oskar Reinhart

wenig, daß die Sammlung dieses kleinen Beamten unter anderem 32 Bilder von Cézanne, 11 von Monet, 11 von Renoir und 5 von Manet sowie eine große Anzahl von Zeichnungen und Aquarellen umfaßte. Nach seinem Tod wurden diese Werke am 3. und 4. Juli 1899 mit beachtlichem Gewinn verkauft – der berühmte »Jahrmarkt / Le Mardi-Gras« von Cézanne erzielte den damaligen Rekorderlös von 4400 Francs. Nach Aussagen von Théodore → Duret wurde Chocquet vor den Werken Cézannes fast zu einem »Apostel«. Daß die Besucher der Weltausstellung von 1889 »Das Haus des Gehenkten / La Maison du pendu« (Farbabb. 22), das damals Chocquet gehörte, sehen konnten, lag allein daran, daß dieser seine Einwilligung zur Ausleihe eines anderen Objektes nur unter der Bedingung gegeben hatte, daß dieses Bild seines Freundes Cézanne ebenfalls ausgestellt würde.

Cross, Henri-Edmond (* 1856 in Douais, † 1910 in Saint-Clair/Var). Sein richtiger Name war Delacroix – so signierte er auch seine ersten Bilder. Unter seinem Pseudonym »Cross« sollte er einer der besten Vertreter des Neo-Impressionismus werden, wenngleich sein Werk lange Zeit verkannt wurde. Seinen ersten Malunterricht erhielt er in Lille bei dem so gut wie unbekannten Maler Carolus-Duran. Ebenfalls in Lille besuchte er Kurse an den »Ecoles académiques de Dessin et d'Architecture«, anschließend studierte er in Paris im Atelier des aus Douais stammenden Malers Dupont-Zipcy. Durch diese Ausbildung und die Ratschläge von François Bonvin wurde er zuerst ein akademischer Maler. Das früheste von ihm überlieferte Gemälde, datiert 1880, ein in düsteren Farben gehaltenes Selbstbildnis mit dem Titel »Der rauchende Künstler / L'Artiste fumant«, ist Beleg dafür. Mehrere Jahre lang blieben seine Landschaften und Genreszenen – wie etwa »Provenzalische Wäscherinnen / Blanchisseuses en Provence« – einem sehr konventionellen Realismus verhaftet. 1884 lernte Cross beim ersten Salon des Indépendants, wo er außer im Jahre 1885 regelmäßig bis 1893 ausstellte – → Seurat und → Signac kennen. Diese Bekanntschaft markierte für Cross den Beginn einer Entwicklung, die ihn um 1889 zu einer Aufhellung seiner Palette und einer stärker impressionistischen Sehweise führte. Doch erst 1891, als er sich in Südfrankreich in der Nähe von Signac, dem Schüler Seurats und glühenden Vertreter von dessen Theorien, niederließ, bekam seine Malerei den entscheidenden Impuls: Cross übernahm jetzt uneingeschränkt die neo-impressionistische Maltechnik. Das Bildnis seiner Frau (»Madame Cross«, Paris, Musée National d'Art Moderne) von 1891 ist sein erstes pointillistisches Bild. Der Maler ging hier in der Anwendung der divisionistischen Methode so weit, daß er sogar die Buchstaben seiner Signatur aus winzigen Farbpunkten zusammensetzte. Diese künstlerische Ausdrucksweise sollte Cross bis zuletzt beibehalten, wenn er sie auch unterschiedlich handhabte. Bis gegen 1895 war seine Malerei der Seurats eng verwandt mit ihrer kräftigen Zeichnung und ihrer sehr genau durchdachten Komposition. Die zurückhaltende Farbgebung seiner Bilder wird häufig durch einen Farbton, meist Blau oder Goldgelb, beherrscht. Sein Ziel war es, der Natur, die nach seiner Vorstellung nur aus »Unordnung, Zufall und Leere« bestand – so formulierte er es in seinen Tagebüchern –, »Ordnung und Inhalt« gegenüberzustellen; diese Absicht verdeutlichen etwa seine »Ansichten der Ile d'Or / Les Iles d'Or« (1891–1892), »Die Frisur / La Chevelure« (um 1892) oder »Der Ausflug / Excursion« (1894). Schon vor 1900 und vor allem nach seiner Venedig-Reise im Jahre 1903 gewinnt seine Malweise zunehmend an Freiheit: Die einzelnen Pinselstriche werden länger und bewegter, die Farben leuchtender. Diesen Stil behielt Cross bis zu seinem letzten Bild »Das kleine Mädchen im Garten / La Fillette au jardin« (1909) bei.

Degas, Edgar (* 1834 und † 1917 in Paris). Als Sohn des Bankiers Auguste de Gas gehörte er, wie → Manet, durch seine Herkunft dem Großbürgertum an. Seine Ausbildung erhielt er auf der Ecole des Beaux-Arts in der Klasse von Lamothe. Lamothe war Ingres-Schüler, und auch Degas hegte zeitlebens für Ingres große Bewunderung, wie er überhaupt in keiner Phase seiner Entwicklung seine künstlerische Vergangenheit leugnete. Degas' Charakter wird bestimmt durch eine große Ehrfurcht vor dem Menschen und die feste Überzeugung, Gutes tun zu müssen; hinter der ihm häufig nachgesagten Menschenfeindlichkeit verbarg sich wohl ein tiefes Mitgefühl.

Die künstlerische Entwicklung Degas' erklärt recht gut die besondere Stellung, die er den Impressionisten gegenüber einnahm. Seine frühesten Bilder – »Spartanische Knaben und Mädchen bei Leibesübungen / Jeunes filles spartiates s'exerçant à la lutte« (1860), »Semiramis bei der Gründung einer Stadt / Sémiramis construisant une ville« (1861), »Kriegsszene im Mittelalter / Les Malheurs de la ville d'Orléans«, für die er zahlreiche Vor-

26 Edgar Degas, Absinth. 1876. Paris, Musée d'Orsay

27 Edgar Degas, Rennen in der Provinz – Wagen auf dem Rennplatz. 1870-1873. Boston, Museum of Fine Arts

28 Edgar Degas, Rennpferde in Longchamp. 1873-1875. Boston, Museum of Fine Arts

studien machte, oder auch noch das etwas später, während seiner Amerika-Reise entstandene »Baumwollkontor in New Orleans / Le Bureau de coton à la Nouvelle-Orléans« (1873) – sind noch eindeutig einer ausgesprochen klassischen Malerei verhaftet. Erst nach und nach wird die hier vorrangige, strenge Zeichnung von der Farbe in ihrer Bedeutung zurückgedrängt, ohne jedoch deshalb an Schärfe zu verlieren. Auch die Farbe hätte nur einem trockenen und engen Realismus gedient, wenn Degas sie nicht sofort genial, mit Großzügigkeit und Originalität im Raum verbunden hätte. Dadurch entfernte er sich endgültig vom Akademismus; gleichzeitig aber gewann sein Werk eine Bedeutung, die weit über den Stellenwert hinausgeht, den man ihm in der impressionistischen Bewegung bestimmt hat.

Sicher zählt Degas zu den Impressionisten, denn genauso wie sie wollte er die flüchtige Bewegung festhalten und die Natur unverfälscht wiedergeben. Bei ihm ging die Farbzerlegung allerdings nie bis zur völligen Auffächerung in einzelne Farbpartikel wie bei den impressionistischen Landschaftsmalern. Während sich die Gegenstandsform bei den Impressionisten in der Atmosphäre auflöst, behält sie bei Degas ihre Dichte und Kontur; ganz im Gegensatz zu ihnen wollte er das Leben der Menschen in strikt festgelegten Grenzen fassen. Für die Landschaft scheint er sich nur sehr wenig interessiert zu haben; Ambroise → Vollard überlieferte einen für Degas charakteristischen Ausspruch: »Die Luft, die man in einem Bild atmet, ist nicht die gleiche, die man im Freien atmet.« (»L'air que l'on respire dans un tableau, ce n'est pas la même chose que l'air qu'on respire dehors.«) Degas bemühte sich nicht, die mehr zufällige Schönheit der Natur zu entdecken, sondern zog ihr die durch den Menschen geschaffene Schönheit vor. Statt des Sonnenlichts bevorzugte er das künstliche Licht der Bühne. Sein Hauptmotiv war die menschliche Gestalt, deren Umrisse er aber nie mit der gleichen ungezwungenen Flüchtigkeit wie die Impressionisten behandelte. Von daher ist seine Kunst keine Absage an den Klassizismus, wie ihn Ingres verherrlicht hat, sondern eigentlich die Erweiterung und Bereicherung dieser Ausdrucksform mit neuen Mitteln. All diese Gegensätzlichkeiten zu seinen Freunden sind nicht Grund genug, Degas aus der impressionistischen Bewegung auszuklammern. Dem steht zuallererst seine eigene Entscheidung entgegen, denn von Anfang an nahm er an den verschiedenen Ausstellungen der Gruppe teil, und das zu einer Zeit, als eine solche Teilnahme gleichzeitig eine äußerst mutige Stellungnahme bedeutete. Das Hauptargument aber ist, daß Degas durch seine Unterschiede zu → Monet, → Sisley und → Pissarro nicht im Widerspruch zu deren Stilrichtung steht, sondern sie im Gegenteil mit → Cézanne zusammen erst vervollständigt. Bekanntlich wollte Cézanne aus dem Impressionismus eine so dauerhafte Kunst machen, wie sie die in den Museen ausgestellten Bilder verkörpern. Möglicherweise träumte Degas davon, eine museale Kunst zu schaffen, die genauso lebendig und lebensnah war wie der Impressionismus. Während Monet, Sisley, Pissarro und → Renoir die äußersten Möglichkeiten der Farbe auszuschöpfen suchten und Cézanne die gleiche Absicht in bezug auf den Raum verfolgte, hegte Degas seinerseits eine ähnlich beharrliche Leidenschaft für die Zeichnung. »Ich male mit der Linie« (»Je suis coloriste avec la ligne«), sagte er, und es ist tatsächlich nicht paradox zu behaupten, daß seine Bilder lange Zeit nichts anderes waren als kolorierte Zeichnungen. In dem Maße allerdings, in dem er versuchte, mit der Farbe mehr als nur den Lokalton und einen Raumeindruck zu vermitteln, setzte er ihr weniger enge Grenzen. Jetzt begann sie die Oberfläche der Körper zu beleben und Licht auf die leichten, duftigen Ballettröckchen der Tänzerinnen zu werfen und führte schließlich zu den zauberhaftesten Traumbildern des ausgehenden 19. Jahrhunderts. Zwar sind Degas' Tänzerinnen (Abb. ; Farbabb. 30–32, 36) und Frauen bei der Toilette (Farbabb. 35) weder besonders intelligent noch besonders schön, sondern eher banal und häufig sogar vulgär in ihrer Haltung und in ihren Gesten, doch der Maler entmaterialisierte sie völlig. Er wußte aus ihren Bewegungen die Rhythmen herauszukristallisieren und in der Gewöhnlichkeit und Einfachheit der Gesten die Schönheit selbst darzustellen. Er verfuhr dabei so natürlich und so konsequent, daß nie der Eindruck entsteht, er habe einen Kunstgriff angewandt, um die Realität umzubilden und auf die Ebene seiner Empfindung zu heben.

Eines ist sicher: Wenn sich Degas – vom Klassizismus herkommend – notwendigerweise unter denen fehl am Platze fühlen mußte, die vorgaben, mit der Vergangenheit zu brechen, so stand er doch noch in weitaus stärkerem Gegensatz zu denen, die dieser Vergangenheit finster entschlossen eine bornierte Treue bewahren wollten. Man kann gar nicht genug die tiefe Feindschaft und den revolutionären Geist betonen, die den Künstler veranlaßten, alle durch die Académie vermittelten Schablonen abzulehnen.

29 Edgar Degas, Drei Tänzerinnen. Tuschzeichnung

30 Edgar Degas, Stehende Tänzerin. 1879-1882. Kohle und weiße Kreide

31 Edgar Degas, Studie zum Gemälde »Ballettprobe auf der Bühne« (Paris, Musée d'Orsay). 1874. Kohle und weiße Kreide. Privatbesitz

32 Edgar Degas, Tänzerin im rosa Ballettröckchen. Um 1880. Chicago, Sammlung Chauncey McCormick

François Fosca hat diese Geisteshaltung sehr genau definiert: »Dieses hartnäckige Nein zum Akademismus, diese starrköpfige Suche nach Neuem, noch Unversuchtem waren für Degas weit mehr Mittel als Zweck. Er wollte sich von allen Konventionen, Banalitäten und Gemeinplätzen befreien, um – ohne irgendwelche Beeinflussung oder Entstellung seiner künstlerischen Absichten – das Wahre beschreiben zu können. Tatsächlich ist Degas der erste Künstler, bei dem das Desinteresse an allem aus seiner Sicht ›Unwahren‹ bis zur letzten Konsequenz getrieben wird. Er ähnelt sehr stark einem Zoologen oder Physiologen; er zeichnet eine menschliche Haltung nach, so wie der Mediziner ein Krankheitsbild beschreibt.« Der Einfluß der naturalistischen Ästhetik war es also, der aus dem anfänglich noch ganz den Traditionen verhafteten Künstler einen der kühnsten Neuerer in der Schilderung des modernen Lebens machte. Als er noch an von der Antike inspirierten Bildkompositionen arbeitete, in denen er sich als gewissenhafter Schüler erwies, wohnte seinen Selbstbildnissen und seinen Porträts von Familienmitgliedern schon die beharrliche Suche nach der größtmöglichen Wahrheit inne. So hartnäckig diese Suche auch sein mochte, so verband sie sich bei ihm doch niemals mit einer provokativen Einstellung, die ja nur die Wahrhaftigkeit der dargestellten Person hätte zerstören können. Aus der natürlichen und einfachen Haltung des Modells spricht – wie aus dessen Blick – das Leben selbst. In seinem Bild »Die Familie Bellelli / Le Portrait de la famille Bellelli« – das Degas schon im Alter von 26 Jahren malte und das durch seinen Aufbau die zeitgenössischen Betrachter nicht wenig überrascht haben dürfte – brach er mit allen gängigen Konventionen: Herr Bellelli ist von rückwärts, in seinem Sessel sitzend, dargestellt, eine damals sehr ungewöhnliche Anordnung. Auch in den traditionsgebundensten Gemälden Degas' aus dieser Zeit bemerkt man das Bemühen, die statischen Formen zurückzudrängen und sie durch eine Aneinanderreihung von ebenso unerwarteten wie flüchtigen Bewegungsmotiven – dem typischen Kennzeichen seines ganzen Oeuvres – auseinanderbrechen zu lassen. Der beste Beleg hierfür ist »Das Baumwollkontor in New Orleans«, das 1873 schon eine Synthese seines künstlerischen Schaffens während mehrerer Jahre darstellt: Die Figuren sind kühn im Raum verteilt, wobei der Vordergrund dominiert; die Zeichnung ist äußerst genau und lebendig, und die Perspektive ist stark betont, wenn auch noch ein wenig konventionell.

Ohne Zweifel war es der Wunsch, Leben darzustellen, der Degas dazu brachte, seine Modelle während ihrer Arbeit zu beobachten und zu malen, um sie in ihrer vertrauten Umwelt zu erfassen – so etwa bei seinen Büglerinnen (Farbabb. 34) und Hutmacherinnen aus der Zeit zwischen 1880 und 1884. Daneben beschäftigten ihn schon seit mehreren Jahren die Tänzerinnen (Farbabb. 30–32, 36). Ihm offenbarte sich der Bau des menschlichen Körpers, und er schöpfte für seine Zeichnung Anregungen aus den alltäglichen Handlungen der Ballerinen. Bei dem Namen Degas denkt man heute zu Recht allgemein an Tänzerinnen in Ballettröckchen, die den Spitzentanz üben, die Bänder ihrer Ballettschuhe festmachen oder sich tanzend auf der Bühne drehen, gemalt aus ungewöhnlichen Blickwinkeln und in verblüffenden Verkürzungen. Die Tänzerinnen stellen wohl Degas' entscheidenden, wenn auch eigentlich als Fremdkörper wirkenden Beitrag zur impressionistischen Stilrichtung dar. In seinen Bildern wird die Bewegung der sich ständig ändernden Realität, von der die damaligen Künstler wie besessen waren, gleichsam überrascht, angehalten und soweit nur irgend möglich statisch gemacht. Während sich der Augenblick, den die Impressionisten festhielten – der Augenblick des Lichts –, freiwillig auf sich selbst beschränkt und sich von der Zeit isoliert, bezieht sich der Augenblick bei Degas auf die Bewegung: Als Folge der vorangegangenen Bewegung bereitet sie schon die kommende vor, läßt somit Vergangenheit und Zukunft ahnen und bleibt an beide gebunden. Die Realität, wie Degas sie sah, ist ganz spezifisch für ihn: Er wollte mit seiner Malerei ein Maximum an Leben ausdrücken und wählte deshalb aus seiner Umwelt bis dahin nie bemerkte Aspekte aus, um die Wahrheit um so deutlicher zu machen. Seine Akte (Frauen bei der Toilette) zeigen deshalb unnatürliche Haltungen, bei denen die Gliedmaßen der Figuren in komplizierten Stellungen verkrampft sind. Aus den gleichen Gründen bemühte er sich auch um ungewöhnliche Lichteffekte: Er suchte die Bühnenbeleuchtung nachzuahmen, die vom Boden aus nach oben strahlt, dabei die Schatten umkehrt, die Gesichter verändert und die Gebärden der Personen ungewöhnlich stark betont. Beim Versuch, über dieses Stadium der Bewegungswiedergabe noch hinauszugehen, entdeckte Degas die Skulptur als künstlerisches Ausdrucksmittel. Seine Plastiken von Pferden und Tänzerinnen wurden zu Raum-Arabesken, und die Analogie der Bewegungen bei Tänzerinnen und Pferden, die gleiche Art des nervösen Spiels der Beine, enthüllt eine unbestechliche und ausgeprägte Beobachtungsgabe.

Wenn Degas also zu den Impressionisten zählt, so weniger wegen seiner Malweise als vielmehr wegen seiner inneren Einstellung, das heißt, seiner ganz entschiedenen Abkehr von den Konventionen. Durch sein Studium erlernte er die handwerklichen Fertigkeiten, das Schauspiel »Wirklichkeit« gab ihm das Gespür für das eigentliche Leben. So gesehen, scheint Degas – weit mehr als seine Freunde – schon die Möglichkeiten der Moderne erahnt zu haben. Sein von oben auf das Objekt gerichteter Blick, die für ihn charakteristische Art, bei Porträts die Hauptperson zu dezentrieren, den Vordergrund im Verhältnis zum Bildinhalt überraschend stark zu betonen und den Akzent auf ein nebensächliches, unbewegliches Detail zu legen, um durch diese Gegenüberstellung den lebendigen Ausdruck eines Gesichts noch zu steigern – all diese Neuerungen entsprechen genau der Betrachtungsweise, die wir heute von der Kamera her kennen. Degas selbst war übrigens ein bemerkenswert guter Fotograf; dies beweisen unzählige, heute noch vorhandene Abzüge. Indessen interessierten ihn diese neuen technischen Möglichkeiten nur in dem Maße, in dem sie ihm halfen, die Betonung auf Alltägliches legen zu können, auf Handlungen, die man für banal hielt, weil man sie zu oft gesehen und schon gar nicht mehr registriert hatte. Von daher wird auch verständ-

33 Edgar Degas, Die Frisur. 1892-1895. London, National Gallery

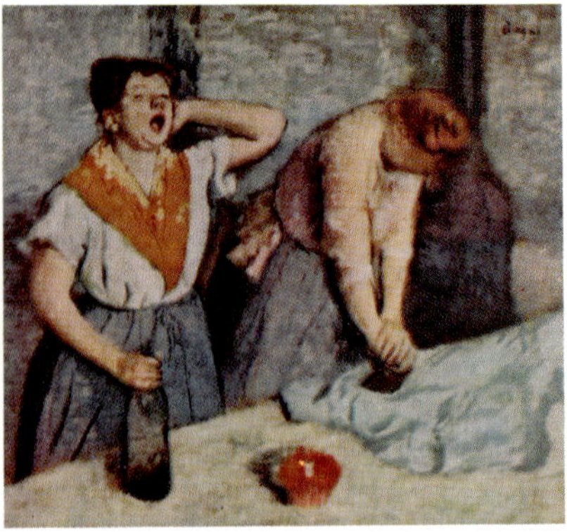

34 Edgar Degas, Die Büglerinnen. Um 1884. Paris, Musée d'Orsay

35 Edgar Degas, Frau bei der Toilette. 1892. Basel, Kunstmuseum, Sammlung Rudolf Stächelin

36 Edgar Degas, Tänzerinnen. 1899. Toledo/Ohio, Museum of Art

lich, warum Degas, dessen oberstes Ziel es war, die Wahrheit in ihrem flüchtigsten Ausdruck zu fassen, sich konstant geweigert hat, nach der Natur zu malen. Diese banale Wahrheit, der er dienen wollte, mußte er nacherfinden und in seinem Atelier überdenken. Das Beispiel Degas' erklärt die Unterscheidung, die üblicherweise zwischen einer Momentaufnahme und einer vorläufigen Skizze gemacht wird: Im Atelier steht der Künstler nicht unter Zeitdruck wie beim direkten Arbeiten nach der Natur, also wird seine Aufmerksamkeit nicht durch vorübergehende Eindrücke abgelenkt; er hat im Gegenteil den einen Augenblick, den er wiedergeben will, komprimiert in seinem Gedächtnis und seinem Skizzenbuch festgehalten.

Als andere Maler proklamierten, flüchtige Sinneseindrücke in ihren Bildern zeigen zu wollen, konnte ihnen Degas schon mit Meisterwerken antworten, in denen – dank einer gründlichen und geduldigen Beobachtung – das Gefühl von Leben enthalten war. Zur Maltechnik verfaßte Degas ebenfalls eine Anzahl von Untersuchungen; seine Vorliebe für die klassische Malerei war für ihn nur noch mehr Anreiz, auch in dieser Beziehung den alten Meistern in der vollkommenen Beherrschung ihres Metiers gleichzukommen. Er hat die verschiedensten Techniken angewandt, mit Leimfarbe, Eitempera, Gouache und Terpentin gemalt, aber am meisten entsprach seiner Malweise das Pastell. Manchmal benutzte er in einem Bild unterschiedliche Techniken, oder er setzte beim Pastell die Farbstriche übereinander, nach und nach jeden einzelnen Strich festigend, um – wie bei einem Ölgemälde – in den Zwischenräumen Lichtreflexe einzufangen. In seinen letzten Lebensjahren, als sein Augenlicht allmählich nachließ, benützte er mit Vorliebe den Kohlestift, wobei er die summarischen, nervösen Striche stärker bündelte und sie häufig mit Pastell höhte.

Zur Geschichte des Impressionismus gehört Degas ebenso wie Renoir, Monet oder Cézanne. Selbst wenn sein Werk weniger Einfluß auf die nachfolgenden Künstler ausgeübt hat als das Cézannes, so enthält es dennoch genügend Geheimnisse, um aufgrund von Kriterien wiederentdeckt zu werden, die wir nicht erahnen können und die sich möglicherweise völlig von denen unterscheiden, um deretwillen wir heute seine Bilder so bewundern.

Durand-Ruel, Paul (* 1831, † 1922). Der Einfluß, den die großen Kunsthändler auf die Entwicklung der Malerei im 19. und 20. Jahrhundert ausübten, wurde bestimmt von der Tatsache, daß diese zu Beginn sehr häufig von selbstloser Begeisterung erfüllt waren.

Paul Durant-Ruel war mit Corot, Millet, Théodore Rousseau, Daubigny und → Boudin befreundet und unterstützte sie moralisch und finanziell. In seiner Galerie in der Rue de la Paix Nr. 1 und ab 1867 in der Rue Laffitte Nr. 16 stellte er Werke dieser Maler aus und verkaufte sie – wenn auch manchmal nur ungern. Um 1870 setzte er sich besonders stark für die Impressionisten ein. 1871 lernte er in seinem Exil in London → Monet und → Pissarro kennen. Als er 1872 wieder nach Paris zurückgekehrt war, kaufte er von → Manet 23 Gemälde für insgesamt 35 000 Francs. Mehr als zehn

37 Auguste Renoir, Porträt des Kunsthändlers Paul Durand-Ruel. 1910. Privatbesitz

38 Edgar Degas, Porträt des Kunstkritikers Edmond Duranty (Studie zu einem Gemälde). 1879. Kohle und weiße Kreide. New York, Metropolitan Museum of Art

Jahre lang bemühte sich Durand-Ruel hartnäckig, die impressionistischen Bilder zu verbreiten, die keiner haben wollte und die von allen Leuten verurteilt wurden. Manet, → Renoir, Monet, → Sisley, → Cézanne, → Degas und Pissarro wurden seine Freunde; in ihrem Briefwechsel mit ihm äußerten sie häufig offen ihre Begeisterung und auch ihre Ängste. Durand-Ruel spielte die Rolle eines Menschenfreunds, was ihn nahe an den Bankrott brachte, dem er nur dadurch – man muß sagen: verdientermaßen – entging, daß es ihm 1886 gelang, in Amerika Interesse für die neue Stilrichtung zu wecken. In der Geschichte des Impressionismus wird sein Name vor allem mit der zweiten Ausstellung der Gruppe verbunden bleiben, die er im Jahre 1876 in seinen Räumen in der Rue Le Peletier Nr. 11 veranstaltete, aus Protest gegen die verbohrte Einstellung des offiziellen Salons, der sich geweigert hatte, die Impressionisten aufzunehmen. Anläßlich dieser Ausstellung, die auf äußerst heftige und feindselige Ablehnung stieß, veröffentlichte Louis Edmond Duranty sein Buch *Die neue Malerei (La Nouvelle peinture)*, um der neuen Richtung Anerkennung zu verschaffen. Durch die Weigerung der französischen Kunstsammler, impressionistische Werke zu kaufen, sah sich Durand-Ruel gezwungen, seine Aktivitäten auch auf das Ausland auszudehnen: In London, Brüssel, Wien und 1887 schließlich sogar in New York gründete er Galerien. Renoir hinterließ ein wunderbares Porträt von dem Kunsthändler, das 1910 datiert ist (Abb. 37).

Duranty, Louis Edmond (* 1833, † 1880). Der Romancier – Autor des Buches *Der Fall des schönen Wilhelm (La Cause du beau Guillaume,* 1862) – war von Anfang an einer der glühendsten Verteidiger des Impressionismus. Er veröffentlichte in der *Gazette des Beaux-Arts* begeisterte Artikel, in denen er auf die Verwandtschaft der Impressionisten mit den Venezianern und mit Constable hinwies. Im Jahre 1876 publizierte er sein Buch über die neue Malweise unter dem Titel *Die neue Malerei. Die Ausstellung einer Künstlergruppe in der Galerie Durand-Ruel (La Nouvelle peinture, à propos du groupe d'artistes qui expose dans les galeries Durand-Ruel);* hierin machte er der Ecole des Beaux-Arts den Vorwurf, den jungen Kunststudenten eine »seltsame Vorstellung von Malerei« zu vermitteln, die »im Süden durch Algerien, im Osten durch die Mythologie, im Westen durch die Geschichte und im Norden durch die Archäologie begrenzt« sei. Demgegenüber begrüßte er die Werke der Impressionisten als einen aufrichtigen Ausdruck ihrer Zeit. In seinem Buch würdigte er Courbet, Corot, → Boudin und vor allem → Manet, in denen er die Begründer der neuen Stilrichtung sah, und begeisterte sich für das große Werk, das → Monet, → Degas, → Renoir, → Pissarro, → Sisley und Berthe → Morisot begonnen hatten. Duranty, der Freund vieler Maler und Schriftsteller, wurde von Fantin-Latour in seinem Bild »Hommage à Delacroix« in Gesellschaft von Manet und Baudelaire dargestellt; Degas machte von ihm ein berühmtes, in Tempera ausgeführtes Porträt (vgl. Abb. 38).

Duret, Théodore (* 1838, † 1927). Dieser bekannte Schriftsteller und

39 Edouard Manet, Porträt des Schriftstellers Théodore Duret. 1868. Paris, Musée du Petit Palais

Kunstkritiker war einer der ersten Verfechter des Impressionismus, und das, obwohl er im Jahre 1867 ein Buch mit dem Titel *Die französischen Maler (Les Peintres français)* veröffentlicht hatte, in dem er → Manet beschuldigte, »zu malen, ohne den Pinsel überhaupt richtig halten zu können«. Seine Meinung änderte sich offenbar sehr schnell, denn schon im darauffolgenden Jahr porträtierte ihn Manet (Farbabb. 39; dieses Bild befindet sich heute im Petit Palais in Paris). Übrigens urteilte Duret damals genauso hart über → Sisley und → Monet, denen er Dilettantismus vorwarf. Nur → Pissarro gelang es, einen Streit mit dem Kritiker zu vermeiden. Duret revidierte ja auch bald seine früheren Ansichten. Er unterstützte → Renoir großzügig, wurde später dessen Freund und einer seiner glühendsten Verteidiger. Im Jahre 1878 erschien sein Buch *Die impressionistischen Maler (Les Peintres impressionistes)* mit Monografien von Monet, Sisley, Pissarro, Renoir und Berthe → Morisot sowie von Manet, der hier als der Begründer der impressionistischen Bewegung vorgestellt wurde. In die 1906 erschienene Neuauflage des Buches nahm der Autor noch → Cézanne und → Guillaumin auf. Der von Duret sorgfältig bearbeitete Katalog *Manet und sein künstlerisches Werk (Manet et son oeuvre)* wurde erst im Jahre 1902 veröffentlicht. Vuillard malte von dem berühmten Kritiker eines seiner besten Porträts.

Fénéon, Félix (* 1861, † 1944). Der Name Félix Fénéon ist eng mit dem Neo-Impressionismus verbunden. Schon 1884, in dem Jahr, in dem er Chefredakteur der *Revue Indépendante* wurde, verteidigte er – fast als einziger – die Maler, die gerade zusammen mit → Seurat den Salon des Indépendants gegründet hatten. Danach publizierte er unter dem Titel *Die Impressionisten im Jahre 1886 (Les Impressionistes en 1886)* eine Art Streitschrift, die ein großes Echo hervorrief; in dieser Abhandlung erläuterte er grundlegend die Theorien des Neo-Impressionismus. Félix Fénéon schrieb auch für die symbolistische Zeitschrift *Vogue;* einige seiner wichtigsten Artikel veröffentlichte er in der belgischen Zeitung *L'Art moderne* als deren Pariser Korrespondent in den Jahren 1886 bis 1890. In der Folgezeit wurde er Mitherausgeber der seit 1891 von den Brüdern Natanson edierten *Revue blanche.* In den Räumen eben dieser Zeitschrift veranstaltete Fénéon übrigens im Jahre 1900 eine berühmt gewordene Gedächtnisausstellung für Seurat. Zuletzt arbeitete er lange an dem Oeuvre-Katalog dieses Künstlers, dessen Werk er nach dessen Tod gemeinsam mit Luce und → Signac inventarisierte.

Fénéon fühlte sich nicht nur den Neo-Impressionisten verbunden, sondern auch Bonnard – den er 1891 kennengelernt hatte – sowie Vuillard und der gesamten Künstlergruppe der Nabis. Er bewunderte außerdem → Toulouse-Lautrec, der das charakteristische Profil Fénéons 1895 in dem Bild »Tanz der Goulue und der Almeen / La Danse de la Goulue et des almées« (Abb. 40) festhielt, das er für die Bude der Tänzerin auf dem Jahrmarkt von Le Trône gemalt hatte.

Die Überzeugungskraft der Schriften Fénéons und ihr blendender Stil kennzeichnen das neue Gefühl für Logik in der Malerei, eine Logik, die kei-

40 Henri de Toulouse-Lautrec, Porträt des Kunstkritikers Félix Fénéon (Ausschnitt aus einer Dekoration für die Baracke der Goulue). 1895. Paris, Musée d'Orsay

neswegs trocken wirkte, sondern sich im Gegenteil mit einer Art klassisch inspiriertem Lyrismus verband. Bisweilen jedoch übertraf Fénéons sprühender Geist seine Beobachtungsgabe und seine Erfahrungen. Zuletzt war er in der Galerie Bernheim-Jeune tätig, deren künstlerischer Leiter er seit Ende des Ersten Weltkriegs war. Fénéon, der seinen Freund Seurat um mehr als 50 Jahre überlebte, durfte es noch erleben, daß sein Name eng mit dem des immer berühmter werdenden Künstlers verbunden wurde.

Der belgische Maler Theo van Rysselberghe hat in seinem Bild »Literarische Vereinigung / Réunion littéraire«) ein Porträt Fénéons überliefert. Bei weitem typischer aber ist das Gemälde von Signac, dessen Titel allein schon eine Art Manifest ist: »Porträt Félix Fénéons vor dem Email eines rhythmischen Hintergrunds aus Maßen, Winkeln, Farbtönen und Schattierungen, im Jahre 1890 / Sur l'émail d'un fond rythmique de mesures, d'angles, de tons et de teintes, portrait de M. Félix Fénéon en 1890« (Farbabb. 41).

Gachet, Dr. Paul (* 1828 in Lille, † 1909 in Auvers). Dr. Gachet – ein Kunstliebhaber mit großem Sachverstand, in seiner Freizeit selbst Maler und Radierer – war mit den größten Malern seiner Zeit befreundet, die er alle in seinem Haus in Auvers-sur-Oise empfing. Neben → Cézanne und van → Gogh zählten → Pissarro, → Renoir, → Monet und → Guillaumin

41 Paul Signac, Porträt Félix Fénéons. 1890. New York, Sammlung Joshua Logan

zu seinen mehr oder weniger häufigen Besuchern. Cézanne blieb sogar zwei Jahre lang, 1873 und 1874, in Auvers; hier schuf er in wenigen Stunden die wild bewegte Replik der »Modernen Olympia / Une moderne Olympia« und – gleichsam als Kontrast – das berühmte »Haus des Gehenkten / La Maison du pendu« (Farbabb. 22).

Im Jahre 1878 brachte Renoir eines seiner jungen Modelle, die kleine lungenkranke Marie, zu ihm. Trotz aller Bemühungen des Arztes starb sie an ihrer schweren Krankheit. Als Dank für seinen Einsatz schenkte Renoir Gachet ein Porträt, das er von dem Mädchen gemalt hatte.

Die Beziehung zwischen Dr. Gachet und van Gogh entwickelte sich zu einer noch viel engeren Freundschaft. Nach seiner Entlassung aus der Nervenklinik von Saint-Rémy am 16. Mai 1890 suchte Vincent van Gogh, dem Ratschlag Pissarros folgend, den Arzt auf, von dem er gehört hatte, daß er nicht nur der Arzt der Künstler, sondern gleichzeitig auch ihr Wohltäter war. Die Freundschaft der beiden Männer dauerte nur zwei Monate und endete am 27. Juli mit dem tragischen Selbstmord des Malers. Äußerst behutsam und vorsichtig hatte Dr. Gachet versucht, Vincent davon zu überzeugen, daß er keineswegs so krank war, wie er meinte. Ergeben ertrug er die abweisende Haltung und die verletzenden Äußerungen van Goghs, aber es gelang ihm, Vincent den Glauben an seine eigenen Fähigkeiten wiederzugeben.

Immer dann, wenn seine Krisen nachließen, äußerte Vincent jedoch eine herzliche Zuneigung zu dem Doktor und seiner Frau. Im Juni malte

42 Vincent van Gogh, Porträt des Doktor Gachet. Juni 1890. Paris, Musée d'Orsay

43 Paul Gachet, Vincent van Gogh auf dem Sterbelager. 1890. Kreidezeichnung. Paris, Musée d'Orsay

er »Mademoiselle Gachet am Klavier / Mademoiselle Gachet au piano« und das berühmte Porträt des Arztes mit seiner weißen Mütze vor einem blauen Hintergrund (Farbabb. 42). Als sich van Gogh schließlich am Abend des 27. Juli eine Kugel in die Herzgegend schoß, pflegte ihn Dr. Gachet mit so viel Fürsorge, daß er zwei Tage lang hoffen durfte, ihn retten zu können. Gachet hat die Erinnerung an van Gogh in zwei erschütternden Zeugnissen – einer Kohlezeichnung und einer Radierung – festgehalten, die den Künstler auf seinem Sterbelager zeigen (Abb. 43).

Von der bedeutenden Sammlung Dr. Gachets, die von seinem Sohn Paul dem Louvre geschenkt wurde, kennt man besonders gut folgende Werke: »Porträt eines Modells / Portrait de modèle« von Renoir, »Die Chrysanthemen / Les Chrysanthèmes« von Monet, »Eine moderne Olympia« und »Das Haus des Doktor Gachet / La Maison du docteur Gachet« von Cézanne, »Die Dorfstraße in Louveciennes / La Route de Louveciennes« von Pissarro, »Der Kanal Saint-Martin / Le Canal Saint-Martin« von Sisley sowie das »Porträt des Doktor Gachet« (Farbabb. 42), »Die Kirche von Auvers / L'Eglise d'Auvers« (Farbabb. 64) und das Selbstbildnis auf türkisfarbenem Hintergrund von van Gogh (Farbabb. 63).

Gauguin, Paul (* 1848 in Paris, † 1903 in Atuana auf Hiva Oa / Marquesas-Inseln). Drei Fakten sind für das Verständnis Gauguins und seines Werkes so wichtig, daß sie besonders hervorgehoben werden müssen: die Herkunft des Künstlers, seine Heirat und seine späte Berufung zur Malerei. Gauguin wurde in der Rue Notre-Dame-de-Lorette in Paris als Sohn des republikanischen Journalisten Clovis Gauguin und dessen Frau Aline Chazal geboren. Seine Mutter war die Tochter des Malers und Lithografen André Chazal und der militanten Anhängerin des Saint-Simonismus * Flora Tristan Moscoso, die eine gebildete, aber exzentrische Frau war. Durch diese Großmutter war er mit den Borgia von Aragon verwandt, die mehrere Vizekönige von Peru gestellt hatten. So ist es ganz natürlich, daß sich sein Vater Clovis Gauguin für Peru entschied, als ihn 1851 der Staatsstreich von Louis-Napoléon dazu zwang auszuwandern. Auf der Überfahrt starb er; seine Familie setzte die Reise fort und siedelte sich in Lima bei dem Onkel jener extravaganten Flora an. Aline Gauguin war eine liebevolle, einfache und zärtliche Mutter, deren Porträt Gauguin im Jahre 1892 anhand einer Fotografie und nach eigener Erinnerung gemalt hat und das seine tiefe Verehrung widerspiegelt. Nach einem vierjährigen Aufenthalt in Peru kehrte Frau Gauguin mit ihren Kindern nach Frankreich zurück, wo sie in Orléans von ihrem Schwager Isidore Gauguin aufgenommen wurde. Paul war damals sieben Jahre alt und besuchte in einem kirchlichen Internat der Stadt die Schule. Anschließend ging er zur Marine und lernte Rio de Janeiro, Bahia, Schweden und Dänemark kennen. Nach dem Tod seiner Mutter gab er die Seefahrt auf und trat im April

* Der Saint-Simonismus ist die erste französische sozialistische Bewegung. Sie erhielt ihren Namen nach dem französischen Sozialtheoretiker Saint-Simon (Claude Henri de Rouvroy, 1760–1825)

1871 eine Stelle bei einem Pariser Geldinstitut an. In dieser Bank, in der er zwölf Jahre lang arbeitete, erreichte er als intelligenter, pünktlicher, methodischer und gewissenhafter Angestellter bald eine beneidenswerte Stellung. Schließlich heiratete er Mette Sophie Gad, eine hübsche, gepflegte Dänin. Mette, eine vernünftige, praktisch veranlagte, ausgeglichene und geistvolle Frau, glaubte offensichtlich, ihr Leben mit dem eines angesehenen Mannes zu verbinden, dem eine glänzende Karriere bevorstand und der in der Lage sein würde, ihr Glück und Sicherheit zu bieten. Darüber hinaus sehnte sie sich nach einem trauten Heim und widmete sich ganz der Erziehung ihrer fünf Kinder. Keiner konnte voraussehen, daß ihr Mann ihre Hoffnungen zerstören und ihr Vertrauen enttäuschen würde. Denn wer hätte geahnt, daß dieser stolze, gutsituierte, fleißige, von seinem Chef geschätzte, untadelige Mann nicht der wahre Gauguin war?

Der wahre Gauguin war ganz anders, und diese Heirat beruhte wohl auf einem Mißverständnis. Paul Gauguin war mit Emile Schuffenecker befreundet, der wie er Bankangestellter war und in seiner Freizeit malte; er war es auch, der Gauguin 1874 zur Malerei brachte. Nach einer kurzen Phase des Lernens und Suchens nahm er an den impressionistischen Ausstellungen von 1880, 1881 und 1882 teil. Im Januar 1883 gab er schließlich seine Stelle bei der Bank auf, um sich ganz der Malerei widmen zu können. Dies beunruhigte Mette, und sie bekam Angst. Sie hatte nicht das geringste Verständnis für die Handlungsweise ihres Mannes und äußerte ihren heimlichen Groll und ihre Kränkung unaufhörlich in Vorwürfen und bitteren Klagen. Paul Gauguin hatte jetzt zwar genug Freiheit, um zu malen, sah sich aber einer unlösbaren familiären Situation gegenüber. Mette flüchtete sich mit ihren Kindern zu ihrer Familie nach Kopenhagen. Gauguin, der sie dorthin begleitet hatte, fühlte sich bei den Dänen so fremd, wie er sich später unter den Polynesiern zu Hause fühlen sollte. Er kehrte deshalb 1885 so schnell wie möglich mit seinem Lieblingssohn Clovis nach Paris zurück. Nun begann eine der leidvollsten Perioden seines Lebens. Mittellos und ohne die geringste Hoffnung, Geld verdienen oder gar sparen zu können, sah er sich nicht einmal in der Lage, den kleinen Clovis zu ernähren. Seine Leidenschaft für die Malerei jedoch hielt ihn aufrecht und spornte ihn an, denn er war von seinem Können, seiner Berufung und seinem Genie fest überzeugt. Im Juni 1886 ließ er sich für mehrere Monate in einem bezaubernden Dorf in der Bretagne nieder und wohnte in der Pension Gloanec in Pont-Aven (Département Finistère). Aber auch hier fand er nicht den erhofften Antrieb. Ein Jahr später schiffte er sich deshalb mit seinem Freund Charles Laval nach Panama ein, das er wegen einer Typhus-Epidemie aber bald wieder verließ, um sich anschließend nach Martinique zu begeben. Hier sollte er die so sehnsüchtig erwartete Offenbarung erleben: eine üppige Vegetation, einen stets wolkenlosen Himmel, eine verschwenderische Natur und ein einfaches, glückliches Dasein. Aus Geldmangel sah er sich gezwungen, schweren Herzens dieses tropische Paradies zu verlassen und im Dezember 1887 nach Frankreich zurückzukehren.

44 Paul Gauguin, Porträt Madeleine Bernards. 1888. Grenoble, Musée des Beaux-Arts

45 Paul Gauguin, Der gelbe Christus. 1889. Buffalo, Albright-Knox Art Gallery

46 Paul Gauguin, Vision nach der Predigt – Jakobs Kampf mit dem Engel. 1888. Edinburgh, National Gallery of Scotland

47 Paul Gauguin, Otahi – Einsamkeit. 1893. Paris, Privatbesitz

Gauguin war damals 40 Jahre alt. Aufgrund zahlreicher Selbstbildnisse ist uns sein Aussehen gut bekannt (vgl. Abb. 136). Er hatte ein einprägsames Gesicht: Eine hohe, steile Stirn, tiefblaue Augen, eine Hakennase, ein eigenwilliges Kinn und ein kräftiger Hals vermitteln den Eindruck von Vitalität und Kraft. Seine starke Persönlichkeit war zwiespältig, abstoßend und anziehend, ungehobelt und nobel zugleich. Entgegen der entehrenden Legende, die die bitteren Briefe seiner Frau an ihre in Frankreich zurückgelassenen Freunde schufen und nährten, war Gauguin im Grunde ein großzügiger und guter Mensch. Dieser Ehemann, dessen «ungeheuerlichen Egoismus« seine Frau brandmarkte, dieser »Rabenvater«, hatte niemals aufgehört, sie zu lieben und unter der Trennung von seinen Kindern zu leiden; man muß seine Briefe lesen, um seine wahren Gefühle, seine Demut, seine Zärtlichkeit und seinen Takt ermessen zu können. Waren sein »exzentrisches Verhalten«, seine »Verrücktheit« denn etwas anderes als völlig logische und freie Entscheidungen, um sein Werk vollenden zu können? Keine einzige dieser Entscheidungen war grundlos, etwa nur um aufzufallen, getroffen worden. Man hat auch gesagt, daß Gauguin sich verfolgt fühlte – aber war sein Leben nicht wirklich eine einzige Verfolgung? Seine Frau, seine Kollegen, die Kunsthändler, die Kolonialbeamten, ja die ganze Gesellschaft schien sich verschworen zu haben, um sein Verderben herbeizuführen – um den Menschen zu vernichten, da man den Künstler nicht treffen konnte. Gauguin hat es – allerdings ohne Resignation – akzeptiert, in den Augen seiner böswilligen Zeitgenossen als Vagabund und zynischer Rebell zu gelten. Seine Geschichte, in den Augen seiner Mitmenschen die Geschichte seines Abstiegs, ist gleichzeitig die Geschichte seiner künstlerischen Leistungen.

Den Grund für Gauguins zahlreiche Aufenthalte in der Bretagne, in Panama und auf Martinique erklärt uns sein Freund Daniel de Monfreid: »Er war auf der Suche nach Ausgeglichenheit und nach einer Lebensweise, die völlig verschieden war von unserer bis zum Überdruß zivilisierten Umwelt, nach einem seiner Ansicht nach archaischen Land.« Auf den Antillen fand er genau das, was er suchte: eine paradiesische Szenerie, klare, reine Linien, ausdrucksstarke, massive Volumen und harte Farbkontraste. Damals – im Jahre 1887 – brach er mit dem Impressionismus, der bis dahin seine Malerei beeinflußt hatte. Kaum war er nach Frankreich zurückgekehrt, da verdammte er auch schon den naturalistischen Schein der Bilder von → Monet und → Pissarro und formulierte und unterrichtete seinerseits die »synthetische« Malweise. Ob die so bezeichneten ästhetischen Prinzipien wirklich von Emile Bernard beeinflußt waren, wie dieser selbst behauptete, ist eigentlich unwichtig; letzten Endes war es eben doch Gauguin, der als erster die neue Theorie ausgedrückt und souverän in die Praxis umgesetzt hat. Große, vereinfachte Formen, glatte, scharf begrenzte Farbflächen – Cloisonnismus genannt (cloison = Trennwand) –, Licht ohne Schatten, Abstraktion in Zeichnung und Farbe sowie völlige Freiheit im Verhältnis zur Natur – das sind die wichtigsten künstlerischen Maximen

Gauguins, die er im Jahre 1888 während seines zweiten Aufenthaltes in Pont-Aven entdeckte und noch im Oktober des gleichen Jahres in Arles – wo er von van → Gogh mit der japanischen Kunst bekannt gemacht wurde – und dann von April 1889 bis November 1890 wieder in der Bretagne, in Pont-Aven und in Le Pouldu, vervollständigte. In dieser Zeit malte er die »Vision nach der Predigt – Jakobs Kampf mit dem Engel / La Vision après le sermon« (1888; Farbabb. 46) und den »Gelben Christus / Le Christ jaune« (1889; Farbabb. 45); daneben schuf er Wandmalereien, Skulpturen, Grafiken und Keramik. Acht Maler hatten sich jetzt um Gauguin gruppiert, und er war das geachtete und bewunderte Haupt der »Schule von Pont-Aven«, der sich unter der Führung von Sérusier auch die Nabis anschlossen. In Paris wurde Gauguin von der unabhängigen Kritik und von Schriftstellern wie Stéphane Mallarmé und Octave Mirbeau gefeiert. Er hätte mit dieser starken Position zufrieden sein können, aber im Kreise seiner Anhänger fühlte er sich mehr und mehr isoliert. Am 23. Februar 1891 ließ er im Hôtel Drouot 30 Gemälde versteigern; der Verkauf war ein großer Erfolg. Der erzielte Erlös ermöglichte es Gauguin, sich am 4. April nach Tahiti einzuschiffen. In Papete fand er die gleichen Laster, Nichtigkeiten und Frivolitäten wieder wie in Europa. Deshalb zog er in eine Strohhütte in Mataiea, wo er umgeben war von friedlichen und einfachen Menschen, deren Sitten und Gebräuche er teilte in dem Bemühen, das auszumerzen, was noch an Zivilisation in ihm war. Schließlich war sein Bargeld aufgebraucht, und seine Schuldner reagierten nicht auf seine Mahnungen; ohne ausreichende Nahrung und Kleidung, erschöpft von einem ganzen Jahr harter Arbeit, dachte er an Rückkehr. »Frauen am Strand / Femmes sur la plage«, »Die Frau mit der Gardenia / La Vahiné au gardénia«, »Otahi – Einsamkeit / Otahi – Solitude« (Farbabb. 47), »I raro te oviri« (Minneapolis, Institute of Arts), »Nafea Faa ipoipo – Wann heiratest du? / Quand te maries-tu?« (Basel, Kunstmuseum) oder »Arearea – Fröhlichkeit / Arearea« (Paris, Musée d'Orsay; Farbabb. 53): Das sind nur einige der zahlreichen Bilder, die er in dieser Zeit gemalt hat.

Im April 1893 kehrte er krank und völlig mittellos nach Frankreich zurück, wo ihn eine Erbschaft von etwa 10 000 Francs erwartete, die ihm Isidore Gauguin vermacht hatte. Jetzt erlebte er einige glückliche Monate, die er abwechselnd in Pont-Aven, Le Pouldu und Paris verbrachte; doch schon in kürzester Zeit hatte er sein kleines Vermögen durchgebracht. In seinem Atelier in der Rue Vercingétorix gab er rauschende Feste, deren Attraktionen die Javanerin Annah, ein Affe und ein Papagei waren. Bald war er wieder in Geldnot. Eine Ausstellung seiner Tahiti-Bilder bei → Durand-Ruel am 4. November 1893 auf Drängen von → Degas war ein Fiasko. Aber wenn auch der finanzielle Erfolg gleich Null war, so begeisterte seine neue, geheimnisvolle und »barbarische« Malerei doch Bonnard, Vuillard und die Nabis. Nach einer langen Pechsträhne – das letzte Zusammentreffen mit seiner Frau in Kopenhagen, die Flucht Annahs, nachdem sie sein Atelier ausgeraubt hatte – beschloß Gauguin, wieder nach Oze-

48 Paul Gauguin, Nackte Tahitierinnen am Strand. 1891. Honolulu, Academy of Arts

49 Paul Gauguin, Reiter am Strand. 1902. Athen, Sammlung Stavros S. Niarchos

50 Paul Gauguin, Badende Tahitierinnen. 1891/92. New York, Sammlung Robert Lehman

anien zu gehen. Eine zweite Versteigerung im Hôtel Drouot war verheerend; nichtsdestotrotz schiffte er sich nach Tahiti ein, wo er im Juli 1895 ankam. Er ließ sich im Norden der Insel nieder und begab sich sofort an die Arbeit.

Die ungewöhnliche Legende ist bekannt, die Legende eines Europäers, der die Verkleidung der Zivilisation ablegte, einsam und nackt in der Schönheit der Natur lebte, aber verlassen wurde von seiner Frau, von seinen Freunden, die ihm eigentlich Dank schuldeten, von den Kunsthändlern, die mit seinen Werken spekuliert haben, während ihn unzählige künstlerische Versuche in Unglück und Verzweiflung stürzten. Im Oktober bekam er heftige Schmerzen, und obwohl sie sich noch verstärkten, arbeitete er mit Eifer, ja mit Besessenheit weiter. 1897 ist für Gauguin das Jahr der großen Schicksalsschläge: der Tod seiner Tochter Aline, die Beendigung des Briefwechsels mit Mette, ein Krankenhausaufenthalt; es ist aber auch das Jahr der Meisterwerke: »Woher kommen wir? Wer sind wir? Wohin gehen wir? / D'où venons-nous? Que sommes-nous? Où allons-nous?« (Boston, Museum of Fine Arts) und »Nie mehr / Nevermore« (London, Courtauld Institute). Sein Manuskript *Noa-Noa* erschien in der *Revue blanche*. Im folgenden Jahr übernahm er nach einem Selbstmordversuch Schreibarbeiten in einem Katasteramt. 1899 geriet er ernsthaft in Konflikt mit den lokalen Behörden. Im August 1901 ließ er sich schließlich in Fatu-Iwa auf Hiva Oa, einer der Marquesas-Inseln, nieder. Unglücklich, den Körper von Syphilis zerstört, hatte er dennoch weiterhin den Mut zu malen, zu zeichnen, zu radieren, zu schnitzen und zu schreiben. Er brachte sich in eine unangenehme Lage, als er die Eingeborenen gegen die Schikanen der Weißen verteidigte und zu drei Monaten Gefängnis und 1000 Francs Geldstrafe verurteilt wurde. Ausgezehrt von Entbehrungen und beinahe gelähmt starb er schließlich am 8. Mai 1903, nachdem er noch einige seiner schönsten Bilder gemalt hatte: »Erzählungen der Eingeborenen / Contes barbares« (1902; Essen, Folkwang-Museum), »Reiter am Strand / Cavaliers sur la plage« (Farbabb. 49) und »Das Gold ihrer Körper / L'Or de leurs corps« (Paris, Musée d'Orsay). Durch eine seltsame Umkehrung der Dinge ist sein letztes Werk eine bretonische Landschaft im Schnee.

Gauguin suchte in Ozeanien nicht das Pittoreske, Fremdartige; seine Werke zeigen glücklicherweise keinerlei aufgepfropften Exotismus, sondern die ursprüngliche Reinheit, Unschuld und Selbstvergessenheit, die von der künstlichen Zivilisation zurückgewonnene Natürlichkeit des Menschen sowie Universalität und Beständigkeit der Kunst. In dem Bestreben, zu den Quellen der Inspiration zurückzukehren, stieß er auf die Quellen der Sprache. Durch das ruhige Verharren seiner Personen, deren undurchdringlichen Gesichtsausdruck und deren ernste, würdevolle Haltung näherte sich Gauguin der unvergänglichen Größe archaischer und primitiver Kunstformen. Das ist der Grund, weshalb er den minoischen oder ägyptischen Malern genauso verwandt ist wie unseren zeitgenössischen. Als schöpferischer Künstler, der sein ästhetisches Abenteuer mit dem Intellekt beherrschte, fand er die seinen Vorstellungen adäquaten künstlerischen Ausdrucksmittel. Um seinen Bildkompositionen einen monumentalen und folglich dekorativen Charakter zu verleihen, hat er ganz entschlossen auf plastische Modellierung der Flächen, Farbabstufungen, Linearperspektive, Staffelung und alles Nebensächliche verzichtet, auch auf Bewegung, Plastizität und Sinnlichkeit des Ausdrucks. Während man in Paris weiterhin nach den alten Maltechniken – Negierung der Linie, pastoser Farbauftrag und dunkle Farben – verfuhr, verlieh Gauguin den gewöhnlich robusten und kompakten Formen seiner Bilder mit ihrem üppigen Farbenreichtum und vor allem seinen arabeskenhaften Landschaften Würde durch kompositionelle Ausgewogenheit sowie durch Vereinfachung und Synthese. Der ruhige Fluß ihrer Linien, die großen Farbflächen und die herbe, gleichsam erstarrte Pracht der in Ozeanien entstandenen Werke Gauguins rufen bei dem Betrachter fast religiöse Gefühle hervor, ein bitteres Bedauern über verlorene Liebe und verlorene Freiheit und auch Furcht vor dem Unbegreiflichen. Gauguin war ein Meister des Bildaufbaus, besser gesagt: Er hat eine Kompositionsweise gefunden, die von der räumlich gebauten Zentral-Komposition der klassischen Malerei ebenso weit entfernt war wie diese vom Bildaufbau des Mittelalters. Zwar hatten auch andere Künstler die Notwendigkeit gesehen, zu den Ursprüngen zurückzukehren und die Einfachheit der Mittel zurückzufinden, aber keiner hat sich mutiger und entschlossener dazu bekannt als Gauguin, der einmal sagte: »Die Abkehr von der Zivilisation ist für mich ein Verjüngungsmittel.« (»La Barbarie est pour moi un rajeunissement.«) Auf diese Art hat er die bildnerische Darstellungsweise erneuert und der modernen Malerei ihren eigentlichen Sinn gegeben. Wenngleich seine Freunde aus Pont-Aven und die Nabis stark seinem Einfluß unterlegen waren, so sind doch die Fauves seine direkten Nachfolger. Gauguin war es auch, der das heute aktuelle Interesse an den archaischen Kulturen geweckt hat; seine Skulpturen haben das Verständnis für afrikanische und melanesische Fetische vorbereitet. Gauguin hat so wie → Cézanne ein intellektuelles Abenteuer, aber auch wie van Gogh ein irdisches Abenteuer gelebt. Unter den großen Neuerern des 19. Jahrhunderts ist er derjenige, auf den sich heute gern zahlreiche Vertreter der gegenstandslosen Kunst berufen.

Camille Pissarro,
Bildnis Paul Gauguin

51 Paul Gauguin, Vahine no te Vi – Frau mit Mangofrucht. 1892.
Baltimore, Museum of Fine Arts, Sammlung Cone

52 Paul Gauguin, Frauen von Tahiti. 1891. Paris, Musée d'Orsay

53 Paul Gauguin, Arearea – Fröhlichkeit. 1892. Paris, Musée d'Orsay

Gogh, Vincent van (* 1853 in Groot-Zundert / Nord-Brabant / Holland, † 1890 in Auvers-sur-Oise / Frankreich). Eigentlich begann das Leben des Malers Vincent van Gogh erst im Dezember 1885, und es blieben ihm nur fünf Jahre. Doch in dieser kurzen Zeit gelang es ihm, ein riesiges Werk zu schaffen. Wenn er in jenem Jahr nicht blitzartig eine Offenbarung erlebt hätte, dann würde man in ihm heute sicherlich den großer Maler der Armut und der Arbeit, den Maler der leidgebeugten Arbeiter und Bauern und den ersten holländischen Expressionisten verehren. Van Gogh wurde Maler, um seinen inneren Konflikt – an dem er schließlich doch zerbrach – zu lösen und sich auf dem Gebiet der Kunst für die Mißerfolge zu revanchieren, die er im Leben erleiden mußte.

Er stammte aus einer protestantischen Pastorenfamilie, hatte jedoch zwei Onkel, die Kunsthändler waren. So kam es, daß er im Alter von 16 Jahren als Verkäufer in einer Galerie in Den Haag zu arbeiten begann, die eben einer seiner Onkel dem Haus Goupil in Paris überschrieben hatte. Vier Jahre später versetzten ihn seine Arbeitgeber in ihre englische Filiale nach London. Dort verliebte er sich in die Tochter seiner Vermieterin, hielt um ihre Hand an, wurde jedoch abgewiesen. Diese Niederlage versetzte dem labilen, übernervösen und zu ernsthaften jungen Mann einen Schock. Er verließ London und nahm 1875 im Stammhaus Goupil in Paris eine Stellung an. Sofort geriet er in den Sog der geistigen Strömungen, deren Zentrum Paris damals war. Er las alle Bücher, die ihm in die Hände fielen, besuchte die Museen und geriet unter den Einfluß der Schriftsteller und Maler, die sich mit dem Leid der Armen befaßten. Der Autodidakt van Gogh, Sohn eines Pfarrers, erhielt aus der Bibel seinen größten Ansporn. Die religiöse Berufung erfaßte ihn so sehr, daß er 1876 die Galerie Goupil verließ und wieder nach England ging, wo er eine Weile Hilfsprediger bei einem Methodistenpfarrer in Isleworth wurde. »Ich fühle mich zur Religion hingezogen. Ich möchte die Armen trösten.« Mit dieser Begründung bewarb er sich um die Stelle eines Predigers für die Bergarbeiter, wurde aber abgewiesen. Daraufhin ging er zu Weihnachten desselben Jahres nach Etten zu seinen Eltern, mit denen er aber sogleich in Streit geriet. Vom 21. Januar bis zum 30. April 1877 war er Gehilfe in einer Buchhandlung in Dordrecht. Er war jedoch nicht imstande, ein regelmäßiges Leben zu führen. Mehr und mehr von seiner Mission erfüllt, ging er nach Amsterdam, um sich auf die Aufnahmeprüfung für das Priesterseminar vorzubereiten. Nach 14 Monaten verbissener Arbeit mußte er darauf verzichten und zu seiner Familie zurückkehren. Sein Vater war aufgebracht und meldete ihn schließlich bei der Evangelistenschule in Brüssel an. Ohne seine Ernennung abzuwarten, reiste Vincent im Dezember 1878 in die Borinage, um den Bergarbeitern dieser armseligen belgischen Region von Christus zu predigen. Er teilte ihre Entbehrungen und Sorgen, schlief auf einem Brett in einer Holzhütte, pflegte die Kranken und zeigte einen übergroßen missionarischen Eifer – doch seine Bemühungen waren vergebens. Van Gogh war rothaarig, schlaksig, schlecht gekleidet, machte heftige Gebärden und hatte stechende

Augen. Sein Opferwille erstaunte und sein exzessives Asketentum beunruhigte die Leute; die Männer verfolgten ihn mit sarkastischen Bemerkungen, die Kinder hatten Angst vor ihm, und die Frauen fanden erst recht kein Verhältnis zu diesem Mann. Im Juli 1879 wird er von seinen Vorgesetzten entlassen. Damit begann für Vincent eine der dunkelsten Zeiten seines Lebens. Monate der Armut, der moralischen Verzweiflung, der Angst und des ziellosen Umherwanderns. Er schrieb seinem Bruder Theo, der gerade bei Goupil in Paris angestellt worden war, einen ergreifenden Brief, in dem er ihm seine Entscheidung mitteilte, sich von jetzt an ganz der Malerei zu verschreiben. Tatsächlich hielt er sich im Oktober 1880 in Brüssel auf, wo er sich intensiv dem Zeichnen widmete und Kopien nach Millet anfertigte. Von April bis Dezember 1881 hielt er sich in Etten bei seinen Eltern auf; hier erlebte er eine neue Enttäuschung, da seine Kusine Kee seine Zuneigung nicht erwiderte. Er ging deshalb nach Den Haag, wo ihn sein Vetter, der Maler Mauve, herzlich aufnahm und ihm nützliche Ratschläge gab. Im Januar 1882 lernte er auf der Straße eine häßliche Prostituierte kennen und nahm sie mit zu sich; diese Frau hieß Christine, war ständig betrunken und damals gerade schwanger, und dennoch sollte er ihr all seine Liebe schenken, deren er nur fähig war. Das Verhältnis dauerte 20 Monate, dann wurde sich van Gogh endgültig bewußt, daß ihm eine individuelle Liebesbeziehung genauso wenig weiterhalf wie die Nächstenliebe oder sein Glaube. Von nun an flüchtete sich sein gekränkter Stolz in die Kunst. Aber mit seinen künstlerischen Ambitionen hatte er nur noch mehr Mißerfolge. Er zerstritt sich mit seinem Vater, da dieser seine Künstlerlaufbahn mißbilligte. Außerdem brach er an der Akademie in Den Haag mit seinen Lehrern Mauve und Israëls, deren Unterricht für ihn unerträglich geworden war. Im Dezember 1883 kehrte er schließlich in sein Elternhaus zurück – dieses Mal nach Nuenen – und widmete sich mit Eifer der Malerei. Er machte Studien von Heidekraut und Strohhütten, von Webern und Bauern, in dieser rauhen, dunklen und traurigen Art, die Werke wie »Das Weben / Le Métier à tisser (1884) oder sein erstes großes Gemälde »Die Kartoffelesser / Les Mangeurs de pommes de terre« (1885; Amsterdam, van Gogh-Museum) belegen. Seine Mentalität, die Einflüsse seiner Umgebung und das Vorbild anderer Künstler veranlaßten ihn zu diesem düsteren, nüchternen Realismus. Wie aber lassen sich die strahlenden Meisterwerke erklären, die er noch schaffen sollte? Die Kraft des Genies allein vermag eine so tiefgreifende totale Veränderung der gesamten westlichen Malerei nicht zu rechtfertigen. Welche Offenbarung, welchen Schock hatte Vincent van Gogh erfahren?

Im November 1885 – kurz nach dem Tod seines Vaters – war van Gogh in Antwerpen. Sein Bruder Theo, mit dem er fünf Jahre hindurch in Briefwechsel stand, unterstützte ihn finanziell. In der flämischen Hafenstadt lernte van Gogh die Werke Rubens' kennen und entdeckte die Freude am Leben wieder. Hier sah er auch zum erstenmal japanische Holzschnitte, von deren Farben er so begeistert war, daß er sich einige für sein Zimmer kaufte und Stunden damit verbrachte, sie zu betrachten und zu

54 Vincent van Gogh, Die Schuhe. 1866. Amsterdam, National Museum Vincent van Gogh

55 Vincent van Gogh, L'Arlésienne – Porträt der Madame Ginoux. November 1888. New York, Metropolitan Museum of Art, Sammlung A. Lewisohn

56 Vincent van Gogh, Vase mit Blumen. 1887. Genf, Privatbesitz

studieren. Er erblickte hier ein mögliches Ziel für seine noch vagen Wunschträume, eine neue Welt aus Klarheit, Trost und Harmonie. Im Februar 1886 beschloß er dann, nach Paris zu gehen, und wurde von Theo liebevoll aufgenommen. In dieser Stadt lernte er → Pissarro, → Degas, → Gaugin und → Signac kennen, deren Werke ihn stark beeindruckten. Im Juni 1886 schrieb er sich im Atelier Cormon ein, wo er sich mit → Toulouse-Lautrec und dem damals 18 Jahre alten Emile Bernard anfreundete; mit Bernard korrespondierte er später regelmäßig. Van Gogh arbeitete jetzt wie besessen und malte Pariser Straßen, Porträts und Blumen. Bei Père → Tanguy stellte er zusammen mit → Monet, → Guillaumin und Signac einige Gemälde aus. Sein Bruder, der inzwischen Direktor der Galerie Goupil war, ermutigte und unterstützte ihn. Voller Begeisterung über die japanischen Holzschnitte kopierte Vincent »Die Brücke im Regen« und »Der Baum« von Hiroshige. Seine Palette hellte sich allmählich auf, und er übernahm sogar die pointillistische Malweise der Impressionisten, etwa in dem »Porträt des Père Tanguy« (1886; Paris, Musée Rodin) oder in dem Bild »Zimmer van Goghs in der Rue Lepic / Vue de la chambre de Vincent, rue Lepic« (1887). In den Gemälden von Pissarro, Monet und Guillaumin fand van Gogh die Leichtigkeit des Pinselstrichs und die frischen Farben der Japaner wieder – der französische Impressionismus war ganz sicher von entscheidender Bedeutung für die Entwicklung des holländischen Malers. Der Wunsch, seinen Vorbildern nachzueifern, war so stark, daß während der 20 Monate seines Aufenthalts in Paris etwa 200 Bilder entstanden. Aus dieser großen, aber teilweise wirren künstlerischen Produktion heben sich vor allem die im Freien gemalten Szenen hervor – etwa »Fest in Montmartre / Fête á Montmartre« (1886), »Das Restaurant Zur Sirene / Le Restaurant de la Sirene« (1887), »Gärten an der Butte Montmartre / Jardinets sur la butte Montmartre« (1887) – sowie Stilleben – zum Beispiel »Die gelben Bücher – Pariser Romane / Livres jaunes – Romans parisiens« – und schließlich eine Reihe von 23 Selbstbildnissen, darunter das berühmte »Selbstporträt mit Palette und Staffelei / Autoportrait au chevalet« (1888; Abb. 135), die in gewisser Weise diese Periode seines Schaffens abschließen.

Der Winter des Jahres 1887 war für van Gogh unerträglich: Der graue Himmel, die öden Straßen und die ganze Traurigkeit der Hauptstadt deprimierten ihn. Die Pariser Maler konnten ihm nichts Neues mehr geben; der Auftrieb, den er durch den Kontakt mit ihnen gewonnen hatte, war schon verschwunden. Van Gogh hatte jetzt Sehnsucht nach Licht und Wärme, um das Eis seiner Seele wieder auftauen zu lassen und seinen Arbeitseifer neu zu wecken. Er folgte dem Rat Toulouse-Lautrecs und reiste am 20. Februar 1888 nach Arles. Alles an der Provence begeisterte den 35 Jahre alten van Gogh: die blühenden Obstgärten, die hübschen Frauen von Arles, die Zuaven der Garnison und die Absinthtrinker. Hingerissen rief er aus: »Es ist wie im Orient!« Hier fühlte er sich glücklich. Mit ebenso viel Leichtigkeit wie Begeisterung zeichnete er mit der Rohrfeder und malte mit entschlossener Hand ausgewogen komponierte und beinahe heitere Bilder. Endlich fand er die Klarheit der Konturen, das schattenlose Licht, die reine, hell leuchtende Farbe: Zinnoberrot, Preußischblau, Smaragdgrün und – das Symbol der Sonne – Goldgelb. Er gab die flimmernde Malweise des Impressionismus auf, verzichtete auf Farbzerlegung, fragmenthafte Zeichnung und genaue Modellierung. Kräftig, präzise und treffend erfaßte sein Pinzelstrich die innere Struktur der Gegenstände. In 15 Monaten malte er jetzt nahezu 200 Bilder, einige in drei, vier und manchmal sogar fünf Versionen: »Die Zugbrücke in Arles /Le Pont de l'Anglais« (Farbabb. 60), »Die Crau-Ebene / La Plaine de la Crau«, »Die Sonnenblumen / Les Tournesols«, »Nachtcafé / Le Café de nuit«, »L'Arlésienne – Porträt der Madame Ginoux / L'Arlésienne« (Farbabb. 55), »Porträt des Postboten Roulin / Le Facteur Roulin«, ein Bildnis von dessen Frau (»Portrait Madame Roulin«) und eines von ihrem Sohn (»Portrait Armand Roulin«). Von einem kurzen Aufenthalt in Les-Saintes-Maries-de-la-Mer brachte van Gogh viele Zeichnungen und Gemälde mit zurück; bekannt sind davon vor allem die »Boote am Strand / Barques sur la plage« und zwei Seebilder. Schließlich muß noch die bewundernswerte Darstellung seines »Schlafzimmers in Arles / Chambre à coucher à Arles« (Oktober 1888; vgl. Abb. 61) erwähnt werden, von der er später in Saint-Rémy aus dem Gedächtnis heraus eine Replik schuf.

Indessen war van Goghs materielle Existenz äußerst prekär: Er hatte nicht genug zu essen, denn er konnte kein einziges Bild verkaufen. Er litt an Halluzinationen und Anfällen, die ihn gegen alles abstumpften. Ständig verfolgte ihn der Gedanke an den Tod; als ob er sein nahes Ende gespürt hätte, arbeitete er ungeheuer schnell und wie unter Zwang in einem Zustand innerer Erregung, der ihn vor der Verzweiflung rettete. Sein Geist sprühte. Seine Bilder strahlten goldenes Licht aus. Er befand sich »im Zentrum des universellen Schmelzprozesses« (»au centre de la fusion universelle«), der die Materie umwandelte und sein Gehirn aufzehrte. Seine Anfälle kamen immer häufiger. Er trug sich mit dem Gedanken an eine Künstlerkolonie, die er »Atelier du Midi« nennen wollte, in dem mehrere Gruppen von Künstlern gemeinsam an einem Werk arbeiten sollten. Ende Oktober des Jahres 1888 folgte Gauguin seiner Einladung und kam nach Arles; sofort war Vincent ein neuer, heiterer Mensch. Doch änderten heftige Diskussionen sehr bald die Beziehungen dieser beiden gegensätzlichen Charaktere. Im Laufe eines belanglosen Streits am Weihnachtsabend warf van Gogh Gauguin sein Glas ins Gesicht. Als Gauguin am folgenden Tag auf der Straße eilige Schritte hinter sich hörte und sich umdrehte, sah er van Gogh mit einem Rasiermesser in der Hand. Gauguins fester Blick ließ van Gogh anhalten und in sein Zimmer fliehen. Hier schnitt er sich mit dem Messer ein Ohr ab, das er in ein Taschentuch einwickelte und einer Prostituierten gab. Nach einem zweiwöchigen Krankenhausaufenthalt kehrte van Gogh in seine Wohnung zurück und schuf im Januar 1889 das ganz außergewöhnliche »Selbstporträt mit verbundenem Ohr / Homme à l'oreille coupé« (Januar 1889; Farbabb. 58). Indessen setzten seine Halluzinationen wieder ein, und

57 Vincent van Gogh, Kornfeld mit Zypressen bei Saint-Rémy. 1889. London, Courtauld Institute

58 Vincent van Gogh, Selbstporträt mit verbundenem Ohr. 1889. Privatbesitz

59 Vincent van Gogh, Les Alpilles – Berglandschaft bei Saint-Rémy. 1890.
Otterlo, Rijksmuseum Kröller-Müller

60 Vincent van Gogh,
Pont de l'Anglais –
Die Zugbrücke von Arles. 1888.
New York,
Sammlung Wildenstein

die Nachbarn forderten seine Einweisung in eine Anstalt. Sein wenig anziehendes Äußeres, sein verschlossener Charakter und seine Verrücktheiten hatten ihn seinen Mitmenschen entfremdet. Sie hatten Angst vor ihm und hielten ihn für geistesgestört; und das, obwohl kaum ein anderer jemals seine eigene Krankheit so hellsichtig analysiert, die Feindseligkeit der Menschen mit soviel Nachsicht ertragen und von seinem künstlerischen Schaffen mit mehr gesundem Menschenverstand und geistiger Klarheit gesprochen hat als van Gogh. Man brachte ihn erneut in die Klinik. Sein Bruder Theo in Paris, der kurz vor seiner Heirat stand, machte sich Sorgen um ihn und schickte Signac zu Vincent. Signac verbrachte den 24. März bei ihm. Trotz der Krise hörte van Gogh nicht auf zu malen, zu lesen und zu schreiben. Als er sich schließlich selbst zu krank fühlte, befürwortete auch er seine Einweisung in die Nervenheilanstalt von Saint-Rémy, am 3. Mai 1889.

Die fruchtbarste und wohl auch charakteristischste Periode seines künstlerischen Schaffens, seine Zeit in Arles, war vorüber. In dem Jahr, das er in der Anstalt verbrachte, malte er wie besessen und schuf noch 150 Bilder und Hunderte von Zeichnungen; unterbrochen wurde seine Arbeit von drei lang andauernden Krisen, denen schmerzhafte Erschöpfungszustände folgten. Damals entstanden die Gemälde »Reifes Korn / Les Blés jaunes«, »Sternennacht / La Nuit étoilée« und im Herbst »Der Garten des Hospitals in Saint-Rémy / Le Parc de l'hôpital«; außerdem einige Porträts, wie »Der Oberaufseher Trabu / Le Surveillant en chef Trabu«. Hauptsächlich aber schuf er in dieser Zeit unruhige Landschaftsbilder mit bewegten Gebirgszügen, wirbelnden Sonnen und durch die Hitze verwachsenen Zypressen und Olivenbäumen. Die Farben waren nun nicht mehr so leuchtend wie in der Epoche vorher: Das Gelb wurde kupfern, das Blau dunkler, und die Rottöne gingen in Braun über. Andererseits wurde der Kompositionsrhythmus immer bewegter; ihn bestimmten wirbelnde Arabesken, auseinandergebrochene Bildgegenstände und ein heftiger Tiefensog von in Auflösung befindlichen Farben und Formen. Das, was van Gogh jetzt in seinen Bildern darstellte, mutet an wie ein Taumel der Phantasie. Das Feuer, das seine malende Hand entzündete, griff über auf seinen Geist. Der Gedanke an Mißlingen ließ ihn verzweifeln, und die Vorstellung, daß seine Werke schlechter sein könnten als die der von ihm bewunderten Künstler, schreckte ihn.

Im Februar 1890 erhielt er von Theo die Nachricht von der Geburt eines Sohnes, der nach ihm Vincent genannt worden war. Theo, der großzügige und überaus verständnisvolle Bruder, auf dessen Kosten er schon so lange lebte, und daneben er, der gescheiterte Künstler, der Maler, unfähig, auch nur ein einziges Bild zu verkaufen! Doch gerade hatte der Kritiker Aurier im *Mercure de France* den ersten Artikel über sein Werk veröffentlicht. Diese Ehrung war für van Gogh allerdings nur ein geringer Trost. Er fühlte sich krank und erschöpft. Der wie immer um ihn besorgte Theo merkte dies und bat Dr. → Gachet in Auvers-sur-Oise, Vincent in seine Obhut zu nehmen. So kam es, daß van Gogh am 16. Mai 1890 nach Paris fuhr und sich bald darauf in Auvers niederlassen konnte. Dr. Gachet pflegte ihn mit liebevoller Zuneigung; er saß ihm auch Modell, als Vincent wieder anfing zu malen. Der Künstler schuf jetzt sein letztes Selbstbildnis (Paris, Musée d'Orsay; Farbabb. 63), »Die Kirche von Auvers / L'Eglise d'Auvers« (ebenfalls im Louvre; Farbabb. 64), »Das Rathaus von Auvers / La Mairie d'Auvers«, das »Porträt der Mademoiselle Ravoux« und das »Porträt des Doktor Gachet« (Paris, Musée d'Orsay; Farbabb. 42). Daneben entstand eine Reihe anderer Werke, denen allerdings die frühere Genialität fehlt; in ihnen äußert sich nur noch eine in ihren sämtlichen Möglichkeiten ausgeschöpfte, verbrauchte Maltechnik. Van Gogh befürchtete, daß seine Krankheit erneut ausbricht, und es befiel ihn eine unbeschreibliche Traurigkeit. Wie kann man arbeiten, wenn einem die Hand nicht mehr gehorcht, wenn der Feind in einem selbst immer der Stärkere bleibt? Was hilft es da, ausdauernd zu sein? Schließlich verließ Vincent am letzten Sonntag im Juli heimlich die Pension Ravoux, in der er gewohnt hatte. Sein Weg führte ihn hinaus auf die reifen Kornfelder, wo er einige Tage zuvor das inzwischen berühmte Bild »Raben über dem Kornfeld / Champ de blé aux corbeaux« (Farbabb. 65) gemalt hatte. Das Dorf war menschenleer. Im Innenhof eines unbewohnten Gehöfts versteckte er sich hinter einem Misthaufen und schoß sich eine Kugel in die Brust. Danach hatte er noch die Kraft, seine Unterkunft zu erreichen und in sein Zimmer hinaufzusteigen, wo er sich wie ein verwundetes Tier versteckte. Sein Bruder Theo, der an sein Sterbelager geeilt kam, war bei ihm, als er zwei Tage später – im Alter von 37 Jahren und 4 Monaten – seinen Verletzungen erlag.

Van Goghs Leben war ein ständiges Auf und Ab, voll von Leid und Dramatik; dieser labile Mensch litt unter Neurosen und Epilepsien und lebte in äußerster seelischer Anspannung, in ununterbrochenem Konflikt mit der Gesellschaft und mit sich selbst. Den-

61 Vincent van Gogh, Das Zimmer des Künstlers in Arles. 1888. Tuschfederzeichnung

62 Vincent van Gogh, Die Straße. 1890. Moskau, Puschkin-Museum

63 Vincent van Gogh, Selbstporträt.
Mai–Juni 1890.
Paris, Musée d'Orsay

64 Vincent van Gogh, Die Kirche von Auvers. 4.–8. Juni 1890. Paris, Musée d'Orsay

65 Vincent van Gogh, Raben über dem Kornfeld, 1890. Amsterdam. National Museum Vincent van Gogh

noch hat van Gogh ein Werk geschaffen, in dem in vollkommenster Weise künstlerische Absichten und Mittel übereinstimmten. So ungestüm seine Malerei auch in Geist und Ausführung war, so war sie doch keineswegs die Kunst eines Geisteskranken. Vincent hat stets eindeutig nach einem ausgewogenen, geordneten und in sich schlüssigen Bildaufbau gestrebt. Seine Mängel versuchte er durch eine besonders große Aktivität auszugleichen; er schöpfte selbst aus seinen Mißerfolgen genügend Kraft, um seine Schwäche zu überwinden und in seinem Werk sich selbst zu verwirklichen. Dieser Mann, der in einem seelischen Chaos hätte untergehen können, besiegte seine zersetzenden Neigungen durch Disziplin, schöpferische Arbeit und Nachdenken. Selbst in Augenblicken der größten Entmutigung bewahrte er sich, auf der Suche nach einer Übereinstimmung von Farbe und Form und nach einer abstrakten und in sich zusammenhängenden Umsetzung der Welt ins Bild, die Liebe für Schlichtheit und Harmonie. Er entwickelte für sich ein unfehlbares System von Prinzipien und Regeln, um seine in überaus klarsichtigen Momenten geschauten künstlerischen Vorstellungen zu erreichen. Sein Ideal war eine Kunst, die »friedlich und schön, realistisch und trotzdem mit innerer Erregung gemalt (ist), knapp, synthetisch, vereinfacht und verdichtet, bestimmt von Ruhe und vollkommener Harmonie, tröstlich wie Musik«. (»Quelque chose de paisible et de plaisant, réaliste et peint pourtant avec émotion, quelque chose de bref, de synthétique, de simplifié et de concentré, plein de calme et de pure harmonie, consolant comme une musique.«)

Die Sicherheit seiner Hand steht der seiner künstlerischen Absichten in nichts nach. Sein ständig vorwärts drängendes Wesen zwang ihn zu einer raschen Ausführung seiner Bilder, die er weder zaghaft begann noch nach-

66 Vincent van Gogh, Häuser an der Küste in Les-Saintes-Maries. 1888. Tuschfederzeichnung

träglich korrigierte. Man findet nicht die geringsten Änderungen in seinen Landschaften und Porträts, die er fast immer – wie die japanischen Künstler – direkt auf der Leinwand entwickelte. »Nicht nur dadurch, daß man sich von seinen momentanen Gefühlen leiten läßt, erreicht man die angestrebte Größe, sondern auch dadurch, daß man Stück für Stück die Mauer abträgt, die das, was man eigentlich ausdrücken möchte, noch von dem trennt, was man ausdrücken kann.« (»Ce n'est pas seulement en s'abandonnant à ses impulsions qu'on atteint à la grandeur, mais aussi en limant patiemment le mur d'acier qui sépare ce qu'on sent de ce dont on est capable.«) So beschrieb van Gogh den inneren Kampf, in dem sich seine Kräfte schließlich verzehren sollten. Aber er ist in diesem Kampf nicht ganz unterlegen, denn wenn auch der Mensch selbst früh erlegen ist, so blieb doch sein künstlerisches Werk bestehen – unvergänglich, eindringlich, beunruhigend; es ist der Ausgangspunkt für einen großen Teil der zeitgenössischen Malerei. Van Gogh erschien genau in dem Moment, in dem der Naturalismus als Impressionismus einen letzten Höhepunkt erreicht hatte, in einer Zeit, in der akademische Dogmen an Geltung verloren und überalterte Traditionen starben. Neben → Cézanne und → Gauguin war er es, der überkommene Malweisen infragestellte und damit die Kunst des 20. Jahrhunderts vorbereitet hat. Ihm ging es nicht darum, optische Eindrücke zu fixieren oder dem Geschmack einer kultivierten Gesellschaft zu schmeicheln; er wollte die Welt wiedererschaffen nach seiner Vorstellung und seiner eigenen Empfindung. Während Cézanne sich mit einer neuen Raumkonzeption und Gauguin mit einer neuen Auffassung vom Bildaufbau beschäftigten, hat van Gogh die Farbe verselbständigt und höchste Intensität und Leuchtkraft erreicht. Die Farbe unterstreicht in seinen Bildern die Zeichnung, verstärkt die Form, ruft den Bildrhythmus hervor und bestimmt Proportionen und Tiefenwirkung. Sie erhält sogar eine Symbolkraft, die sich an die Seele wie an das Auge wendet. Van Gogh wollte »keine Farbe, die echt ist im Sinne einer realistisch gesehenen optischen Täuschung, sondern die suggestive Farbe eines wie auch immer gearteten Gefühls«. (»Couleur pas localement vraie au point de vue réaliste du trompe-l'oeil, mais une couleur suggestive d'une émotion quelconque.«) Er verwandte die Farben hart, trocken und aggressiv; die Farbakkorde sind bald schreiend, bald inhaltsschwer, ohne Abstufungen oder Zwischentöne, von totaler Freiheit. »Mit dem Rot und dem Grün wollte ich die schrecklichen Leidenschaften der Menschen ausdrücken« (»J'ai cherché à exprimer avec le rouge et le vert les terribles passions humaines«), sagte van Gogh einmal. Dennoch hat er niemals der Farbe die Form geopfert, und mit Recht bewundert man heute seine Zeichnungen ebenso wie seine Gemälde. Er hat eine große Anzahl Zeichnungen hinterlassen, die durch Einfachheit und Heftigkeit des Ausdrucks überraschen, aber auch durch die Sicherheit und Schnelligkeit des Strichs sowie die Vielfalt der zeichnerischen Möglichkeiten, über die der Künstler verfügte, um seine erschütternden Visionen zu Papier zu bringen. Van Gogh hat keine direkten künstlerischen Erben,

67 Vincent van Gogh, Frauen auf dem Feld. 1890. Bleistiftzeichnung

aber sein Einfluß wirkte auf die gesamte moderne Malerei – auf die Fauves, wie Vlaminck, Derain, Dufy und Friesz, sowie auf die Expressionisten, besonders auf Soutine. Der Maler war Poet, Mystiker und Philosoph zugleich; das ist der van Gogh, der heute so leidenschaftlich hinter seinen Bildern, seinen Zeichnungen und seinen Briefen gesucht wird. Es läßt sich auch tatsächlich kaum ein authentischeres Beispiel dafür finden, was menschliche Existenz bedeutet. In van Goghs Leben ist das Drama unsere Zeit vorweggenommen, einer Zeit, die »bald befreit, bald unterdrückt«.

Gonzalès, Eva (* 1849 und † 1883 in Paris). Sehr früh fühlte sie sich zur Kunst hingezogen und lernte bei dem Modemaler Chaplin. Im Jahre 1869 machte sie die Bekanntschaft → Manets, dessen Modell und Schülerin sie wurde. Schon im darauffolgenden Jahr stellte sie im Salon aus. Anfänglich stand sie stark unter dem Einfluß Manets, dessen »düstere« Malweise sie lange Zeit nachahmte, doch ab 1872 schuf sie Pastelle, in denen ihr persönlicher Stil deutlich zum Ausdruck kam. Übrigens war es ein Pastell, »Das Nestchen oder Der rosarote Morgen / La Nichée ou la Matinée rose«, das 1874 vom Salon angenommen wurde, während die Jury gleichzeitig ihr Ölgemälde »Die Loge / La Loge aux Italiens« – ein Lieblingsmotiv der Impressionisten – ablehnte; beide Werke befinden sich heute in Paris. Um 1880 wurden ihre Farben heller, und sie malte reizende Landschaftsbilder, in denen das Licht auf Laub und Wasser tanzt. Eva Gonzalès, die im Jahre 1879 den Grafiker Henri Guérard geheiratet hatte, starb im Alter von 34 Jahren – fünf Tage nach dem Tod Manets – an einer Embolie.

Guillaumin, Armand (* 1841 und † 1927 in Paris). Von Beruf zuerst

68 Armand Guillaumin, Schneeschmelze in der Creuse. 1898. Genf, Sammlung Oskar Ghez

69 Johan Barthold Jongkind, Der Strand von Sainte-Adresse. 1863. Aquarell. Paris, Musée d'Orsay

Verkäufer und dann Beamter, war Guillaumin lange Zeit das, was man gemeinhin einen »Sonntagsmaler« nennt. Durch seine frühe Verbindung mit den späteren Impressionisten nahm er an fast allen Veranstaltungen der Gruppe teil und war auch auf der berühmten Ausstellung von 1874 bei → Nadar vertreten. Ab 1859 traf man ihn in der → Académie Suisse, wo er sich mit → Pissarro, → Monet und nach 1861 auch mit → Cézanne anfreundete. Zusammen mit Cézanne stellte er 1863 im Salon des Refusés aus. Guillaumins Themenwahl ist der seiner Freunde eng verwandt: Seine-Ansichten, wie etwa die Bilder »Schleppkähne auf der Seine bei Bercy / Péniches sur la Seine à Bercy« (1871) und »Sonnenuntergang in Ivry / Soleil couchant à Ivry« (um 1873; Paris, Musée d'Orsay), oder Schneelandschaften, wie zum Beispiel »Der Hohlweg / Chemin creux« (1869). Ebenso verbindet ihn mit dem Impressionisten seine unkonventionelle Vorliebe für das Malen »vor dem Motiv«; durch seine sehr persönliche Malweise jedoch unterscheidet er sich von ihnen. Sein Pinselstrich ist breit und kräftig, seine Farbtöne – vor allem Rot, Violett und Grün – sind lebhaft und manchmal sogar schreiend, was seinen Landschaftsbildern heftige Bewegtheit und eine Art brutaler Heiterkeit verleiht. Von 1891 an machte er – endlich aller finanziellen Sorgen enthoben – Reisen durch Frankreich und ins Ausland und malte unermüdlich: Es entstanden Ansichten der Regionen Creuse und Var, der Küste der Normandie, aber auch von Holland, wo er im Jahre 1904 zwei Monate in der Gegend von Zaandam verbrachte. Seine Werke bezeugen seine direkte und objektive künstlerische Sehweise: zum Beispiel »Schneeschmelze in der Creuse / Neige fondante dans la Creuse« (1898; Genf, Sammlung Oskar Ghez; Farbabb. 68) oder »Ansicht aus Holland – Segelboote / Vue de Hollande – Bateaux à voiles« (1904; Paris, Musée d'Orsay). Obwohl er auch einige Porträts in Pastell ausgeführt hat, blieb Guillaumin vor allem als passionierter Landschaftsmaler ein treuer Wegbegleiter der Impressionisten. Er bewahrte sich jedoch einen gewissen Spielraum, so daß seine künstlerischen Bemühungen ihn bis zum Fauvismus führten.

Jongkind, Johan Barthold (* 1819 in Latrop/Holland, † 1891 in Grenoble/Frankreich). Der Maler Isabey, der Jongkind entdeckt und ihm oft geholfen hat, veranlaßte ihn 1846, nach Paris zu kommen, und zeigte ihm die Schönheiten der Kanalküste. Von seinen Reisen in die Normandie brachte Jongkind Bilder mit zurück, in denen er – lange vor → Monet und dessen Freunden – das Spiel des Lichts auf Wasser, Himmel und Laubwerk eingefangen hatte, und das mit einer Frische des Ausdrucks und einer technischen Perfektion, um die ihn die von ihm sehr bewunderten Maler Ruysdael und van Goyen beneidet hätten.

Im Jahre 1863 stellte Jongkind im Salon des Refusés aus. Zwischen 1865 und 1870 hatte er mit seinen Bildern endlich sogar Erfolg. Während dieser Zeit unternahm er mehrere Reisen in seine Heimat sowie nach Brüssel, Chartres und Nantes. Als Maler des flüchtigen Augenblicks, der Atmosphäre und der sich ständig wandelnden Natur kündigte er vor allem in seinen Aquarellen den Impressionismus an. Diese Aquarelle sind es auch, die seine unvergleichliche Beherrschung der technischen Mittel unter Beweis stellen, etwa »Sonnenuntergang über der Maas / Couchant sur la Meuse« (um 1866; Paris, Sammlung Madame Ginette Signac) oder »Der Strand von Sainte-Adresse / La Plage de Sainte-Adresse« (Farbabb. 69). Die zurückhaltende, klare und heitere Malerei dieses bahnbrechenden Künstlers steht in eigenartigem Kontrast zu seinem tragischen Leben. Allein seiner holländischen Lebensgefährtin gelang es durch aufmerksame Fürsorge, ihn eine Zeitlang von seinen unheilvollen Gewohnheiten abzubringen. Im Jahre 1878 zogen sie gemeinsam nach La Côte-Saint-André. Hier sollte Jongkind wieder seinen alten Lastern, besonders dem Alkohol, verfallen. Mit seiner Einlieferung in die Nervenheilanstalt von Grenoble, wo er am 9. Februar 1891 starb, nahm seine Laufbahn ein beklagenswertes Ende.

Manet, Edouard (* 1832 und † 1883 in Paris). Manets Leben zeigt beispielhaft die Unausweichlichkeit des Schicksals. Die einen sehen in seiner Malerei den Ausgang der Kunst mehrerer Jahrhunderte, in denen akademische Prinzipien und unabhängige künstlerische Vorstellungen aufeinanderstießen und in Einklang miteinander gebracht wurden, um fortwährend die Tradition schöpferisch zu erneuern. Für die anderen steht er am Anfang der großen Bewegung, die den Impressionismus hervorrufen sollte; für seine Biografen ist er gar der Begründer des Impressionismus. In der Tat gibt es für jede dieser Thesen Argumente, da gerade Manet in seiner Person wie in seiner sozialen Rolle wie in seinem Einfluß auf die zukünftige Malerei die complexe Mittlerstellung im Knotenpunkt von Vergangenheit und Zukunft einnahm. Seiner Herkunft nach gehörte er dem Großbürgertum an, dem er sich sein ganzes Leben hindurch verbunden fühlte und dessen Privilegien er genoß. Er sehnte sich nach Ruhm und Ehre dieser Gesellschaft, rief aber gleichzeitig im Laufe seines Lebens die heftigsten Skandale hervor und setzte, ohne es zu wollen, durch seine Malerei die nachhaltigste künstlerische Revolution in Gang. Manet hatte ursprünglich wohl nicht die Absicht gehabt, die Rolle eines Anführers zu spielen. Ganz gehorsam hatte er auf Drängen der Familie eine konventionelle Laufbahn eingeschlagen, das heißt, er hatte sich im Jahre 1848 als Kadett auf einem Schulschiff nach Südamerika eingeschifft. Als er nach seiner Rückkehr die Aufnahmeprüfung bei der Marineschule nicht bestand, konnte er den Widerstand seines Vaters brechen und trat, seiner künstlerischen Neigung folgend, im Januar 1850 in das Atelier von Thomas Couture ein. Sehr schnell brachte ihn sein Freiheitsdrang in Opposition zu seinem Lehrer, dessen Unterricht ihn nicht befriedigte. Allerdings ging er an die Malerei nicht heran mit vorgefaßten Meinungen oder mit der Überzeugung, eine eigenständige Technik zu erfinden, sondern besuchte häufig den Louvre. Die dort ausgestellten Meisterwerke bewiesen ihm, daß es vor den Originalen großer Maler und vor der Natur weit mehr zu lernen gab als im Atelier. Die künstlerische Persönlichkeit Manets entwikkelte sich somit primär durch seine Aufenthalte in Fontainebleau und

70 Edouard Manet, Lola aus Valencia. 1861/62. Paris, Musée d'Orsay

71 Edouard Manet, Grüßender Matador. 1866. New York, Metropolitan Museum of Art

72 Edouard Manet, Mademoiselle Victorine im Kostüm eines Stierkämpfers. 1862. New York, Metropolitan Museum of Art

durch seine Bewunderung für Tintoretto, Tizian und Velasquez. Seine frühen, von diesen Künstlern beeinflußten Werke zeigen schon die Freude an klaren Farben, am lockeren Pinselstrich und an großen, dunklen Flächen. Auf Reisen nach Holland, Deutschland und Italien traf er wieder auf die ihm schon bekannte ungestüme Freiheit eines Frans Hals und der venezianischen Renaissance-Maler und wurde dadurch in der Richtigkeit des von ihm eingeschlagenen Weges noch bestärkt. 1861 stellte er im Salon den »Spanischen Sänger – Guitarero / Joueur de guitare espagnol« aus, der ihm eine »ehrenvolle Erwähnung« einbrachte und aufgrund des Sujets Lobreden von Théophile Gautier hervorrief. Im darauffolgenden Jahr wurde seine Begeisterung für Spanien durch eine Gruppe spanischer Sänger und Tänzer noch verstärkt; deren Aufführung regte ihn zu einer ganzen Serie von Bildern an, zu denen auch das berühmte Gemälde »Lola aus Valencia / Lola de Valance« (Farbabb. 70) gehört (vgl. auch Farbabb. 71) – nach den Worten Baudelaires »ein Geschmeide in Rosa und Schwarz«. Die Ähnlichkeit der Kunst Manets mit der spanischen Malerei war jetzt so augenfällig, daß ihn ein Kritiker den »Spanier in Paris« nannte und Courbet anläßlich des Salons von 1865, auf dem die »Olympia« (Farbabb. 73; vgl. Abb. 74) ausgestellt war, sagte: »Dieser junge Mann muß uns nicht etwas in der Art von Velasquez vormalen . . .« Aber erst im Jahre 1865 lernte Manet auf einer Spanienreise, auf der sich seine Bewunderung für Velasquez festigte und er Goya entdeckte, schließlich die großen Meister kennen, unter deren Einfluß er gestanden haben soll.

Schon mit seinen frühesten Bildern versetzte Manet die Betrachter in irritiertes Staunen. Die ersten heftigen Reaktionen von seiten des Publikums waren 1863 zu verzeichnen, als er sein »Frühstück im Grünen / Le Déjeuner sur l'herbe« (Farbabb. 75) im berühmten Salon des Refusés ausstellte. Es ist heute nur noch schwer verständlich, weshalb dieses Gemälde einen solchen Skandal entfachte. Eine zwischen zwei modisch gekleideten jungen Männern im Gras sitzende, nackte Frau – das erschien unschicklich; der Akt wurde nur bei allegorischen Szenen oder bei der Darstellung von Göttern geduldet. Wahrscheinlich war es aber noch mehr die Malweise, die Empörung hervorrief. Durch die Frische und die Leuchtkraft seiner Farben sowie durch seine großzügige Ausführung machte dieses Bild den Eindruck, als sei es nicht im Atelier, sondern im Freien gemalt worden. All das wies in den Augen seiner Zeitgenossen auf eine unverzeihliche geistige Verirrung bei dem jungen Künstler hin, dessen Kühnheit die Grenzen des Anstands überschritt. Sogar die toleranteren Kritiker stutzten und waren irritiert: »Späße oder Schwächen eines jungen Mannes, die es nicht verdienen, so herausgestellt zu werden«, oder: »Ich kann mir nicht vorstellen, was einen intelligenten und anständigen Künstler dazu veranlassen konnte, eine so absurde Komposition zu wählen«, so lauteten ihre Stellungnahmen. Die völlige Ablehnung der Konventionen und der Freimut in der Anwendung technischer Mittel wirkten aggressiv. Sie trugen Manet zwar die Mißachtung der wohlanständigen Bürger ein, machten ihn aber andererseits zum Leitbild der jungen Maler. Seine Wirkung auf sie sollte noch offensichtlicher werden, als er im Jahre 1865 die »Olympia« (Farbabb. 73) im Salon zeigte. → Zola fand in dieser Malerei die Entsprechung für die Theorien, die er gerade zu entwickeln begann. Das Publikum stieß sich bekanntlich an der schwarzen Katze am Bettende, und auch die Negerin mit dem Blumenstrauß wurde nicht verstanden. Die Kritiker wiederum, wenn sie sich nicht sogar zu Beleidigungen hinreißen ließen, bemängelten die fehlende Modellierung, die Härte der Zeichnung und die Grelle des Lichts. Jules Claretie, der dieses Bild kategorisch ablehnte, äußerte sich in dem für die Gegner Manets typischen Ton: »Was ist das für eine Odaliske, dieses unehrenhafte, irgendwo aufgelesene Modell mit dem gelben Bauch, das Olympia sein soll? Olympia? Welche Olympia? Ohne Zweifel eine Kurtisane. Man kann Herrn Manet nicht vorwerfen, er idealisiere die törichten Jungfrauen, denn er macht unanständige Jungfrauen aus ihnen.« Unglaublich, daß man über die reizende Victorine Meurend – die vor der »Olympia« für die Hauptfigur des »Frühstücks im Grünen« (Farbabb. 75) das Modell abgegeben hatte und im folgenden Jahr die Gestalt des »Pfeifers / Le Fifre« annahm – so abfällig sprechen konnte. Heute erscheint uns die meisterhaft gemalte »Olympia« als eines der Hauptwerke der modernen Kunst. Wir bewundern daran die ungewohnte Pose, die geschlossene und klare Linienführung, den freien Ausdruck und den wohldurchdachten Bildaufbau. Die Nacktheit kaum eines anderen weiblichen Aktes ist diesem abstrakten und doch lebendigen Weiß der Haut der »Olympia« vergleichbar. Als Idol und Skandalobjekt zugleich, löst sie, wie Paul Valéry bemerkte, zunächst ein »heiliges Entsetzen« aus, bevor sie ihre Anziehungskraft auf den Betrachter ausübt und den Bildraum völlig beherrscht.

Die Maler jedoch, die einige Jahre jünger waren als Manet und die bald darauf den Impressionismus begründen sollten, irrten sich nicht in der Bedeutung der von Manet gemachten künstlerischen Erfahrungen. Sie erkannten in ihm einen Vorläufer, an den sie bei ihrem Bemühen anknüpfen konnten, die Malerei auf grundlegendere Weise zu erneuern, als es die von ihnen gleichwohl sehr bewunderten Werke von Courbet und Corot zuließen. Für Manet war das gute Verhältnis zu seinen Anhängern insofern von Vorteil, als er in ihrer Begeisterung für helle Farben einen Anreiz und eine Quelle neuer Anregungen fand. Obwohl er an den Ausstellungen, die die Impressionisten vom Jahre 1874 an veranstalteten, nicht teilnahm, unterlag er doch, wie es seine heller werdenden Farben beweisen, dem von ihnen ausgelösten Verjüngungsprozeß. Niemals allerdings malte Manet Landschaften um ihrer selbst willen, auf seinen Landschaftsbildern befinden sich immer Figuren. Diese Personen sind für ihn in erster Linie Träger dunkler Farbwerte, deren Intensität er dadurch steigert, daß er sie mit blauen und grauen Lichtreflexen umgibt. Zwar bemühte er sich ebenso wie die Impressionisten, den Sinneseindruck in seiner ganzen ursprünglichen Frische wiederzugeben, aber er benutzte doch niemals das Mittel der systematischen Farbzerlegung. Er kannte nicht, wie seine jungen Freunde, die fast krankhafte Angst vor der schwarzen

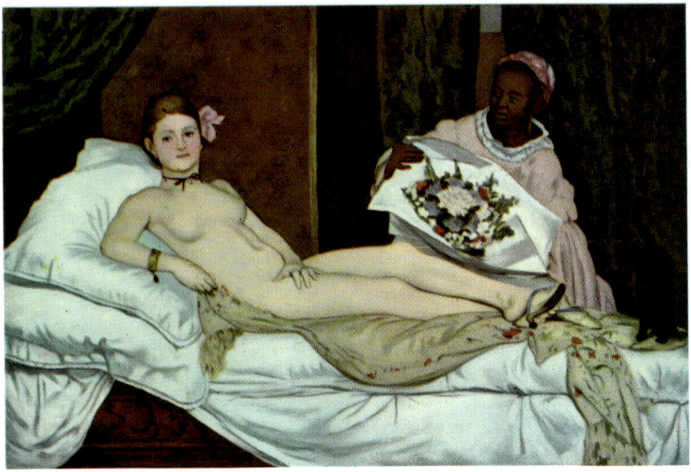

73 Edouard Manet, Olympia. 1863. Paris, Musée d'Orsay

74 Edouard Manet, Studie zu dem Gemälde »Olympia«. Paris, Louvre, Cabinet des Dessins

75 Edouard Manet, Das Frühstück im Grünen. 1863. Paris, Musée d'Orsay

Farbe, ganz im Gegenteil: Schwarz war für ihn – wie für Frans Hals – eine echte Farbe, die er häufig benutzte und mit der er seinen Bildern einen erstaunlichen Glanz verlieh. Manet war weder wie → Cézanne von den Problemen des Raums noch wie → Degas von denen der Linie besessen. Er war kein Künstler, der ein neues theoretisches System errichten wollte, sondern ein gefühlsmäßig inspirierter, von Natur aus begabter Maler, der auf der Leinwand vor allem seine Empfindung deutlich und intensiv wiederzugeben suchte. Er konnte sicher am wenigsten begreifen, weshalb seine Kunst in offiziellen Kreisen stets auf Ablehnung stieß. Er hatte es sich sein Leben lang in den Kopf gesetzt, im Salon auszustellen. Im Jahre 1881 gelang es ihm endlich, eine Medaille II. Klasse zu erringen. Damit war er als Maler anerkannt, aber jetzt stand er auch schon am Ende seiner künstlerischen Laufbahn. Dank der Bemühungen seines einstigen Mitschülers im Collège Rollin, des damaligen Kultusministers Antonin Proust, wurde er im darauffolgenden Jahr sogar zum Ritter der Ehrenlegion geschlagen.

Die Kunst Manets war durch ihre freie Malweise und die Bedeutung, die er der Farbe gab, zukunftweisend. Der charakteristischste Beitrag dieses Künstlers zur Malerei seiner Epoche bestand wohl darin, daß er die Farbe großflächig auf die Leinwand auftrug, auf Schattierung verzichtete, ihr aber trotzdem nicht ihren räumlichen Ausdruckswert nahm. Die Rolle, die der Farbe in seinen Bildern übertragen wurde, führte Manet entweder dazu, die Oberfläche eines Bildgegenstands in ihren wichtigsten Zügen zusammenzufassen, oder, genau umgekehrt, große, einheitlich kolorierte Flächen zu verwenden, wie etwa bei dem »Pfeifer«. Bezugnehmend auf dieses Bild warf ihm Daumier vor, die Malerei auf »Figuren aus einem Kartenspiel« reduzieren zu wollen. Dieser Ausspruch dokumentiert das Unverständnis für die Kühnheit von Manets künstlerischem Versuch; denn schließlich zeugte es von einer außerordentlichen Beherrschung der technischen Mittel, eine Figur in einem leuchtenden und glänzenden Gewand vor einen von Velasquez inspirierten, einfarbigen Hintergrund zu stellen, ohne ihr durch diese äußerste Vereinfachung die Natürlichkeit und Lebendigkeit zu nehmen. Der geringste Schatten wurde hier durch die Schwingung der Umrißlinie zurückgedrängt; erstaunlicherweise hat durch dieses ungewöhnliche Vorgehen weder die Kontur an Weichheit noch die Form an Dichte verloren.

Die Malerei Manets bleibt trotz aller technischen Neuerungen doch auch der Vergangenheit verbunden: einmal aufgrund der Einflüsse, denen der Künstler in seiner Entwicklung ausgesetzt war, zum anderen vor allem durch seine eigene Auffassung vom Bild. Wie alle ganz großen Maler brachte Manet es fertig, ein altbekanntes Thema aufzugreifen und ihm einen so natürlichen Glanz zu verliehen, daß es neu erfunden zu sein schien. Ein unbefangener Betrachter würde ohne den sichtbaren Beweis wohl kaum vermuten, daß sich hinter dem »Frühstück im Grünen« eine Komposition von Raffael und hinter der »Olympia« ein Bild von Tizian verbirgt; dennoch läßt sich diese Verwandtschaft nicht bezweifeln. »Der Fischfang / La Pêche« benützt Elemente aus zwei ver-

76 Edouard Manet, Ruhende Frau. Aquarell und Tuschfederzeichnung

schiedenen Werken von Rubens, und zwar aus der »Landschaft mit Regenbogen« und der »Landschaft mit Schloß Steen«; ebenfalls auf Rubens geht »Die überraschte Nymphe / La Nymphe surprise« zurück, ein ähnlich veränderter Ausschnitt auf »Susanna im Bade«. »Der tote Torero / Le Torero mort« ist eine genaue Wiederholung des »Toten Kriegers« von Velasquez, und »Die Erschießung Kaiser Maximilians von Mexiko / L'Exécution de Maximilien« findet ihre Entsprechung in dem Gemälde »Der 3. Mai« von Goya. Diese Bilder sind keine Pasticcios oder Nachahmungen, es sind echte Neuschöpfungen, angeregt durch eine äußere und unabhängige Realität, ob es sich bei dieser Realität nun um einen Gegenstand, eine Person oder ein anderes Bild handelt. Ganz gleich, welches Thema Manet wählt, er bringt es auf den Nenner seiner eigenen Persönlichkeit. In den durch klassische Werke angeregten Gemälden ist nicht weniger Intensität oder Leben als etwa in »Die Bar in den Folies-Bergères / Le Bar aux Folies-Bergères« (Farbabb. 77), die eine Episode aus dem Alltag als Motiv aufgreift; dieses Bild gehorcht ebenso strengen Kompositionsgesetzen wie die anderen.

Die so frei wirkende Malerei Manets ist keine Improvisation, seine Werke sind nicht zufällig, sondern nach genauen, durchdachten Regeln komponiert. Der Künstler hat sich keineswegs so völlig vom Bildinhalt gelöst, wie man glauben könnte, zumindest nicht in dem Maße wie seine Nachfolger. Ihn reizte zeitlebens die Historienmalerei, nicht nur in seiner Jugend, wofür die obengenannten Werke Beweis sind, sondern auch auf dem Höhepunkt seines künstlerischen Schaffens, wie es etwa »Die Erschießung Kaiser Maximilians von Mexiko« belegt. Im Jahre 1879 machte Manet sogar dem Stadtpräfekten von Paris den Vorschlag, das Rathaus mit Pariser Motiven von Les Halles, der Ei-

77 Edouard Manet, Die Bar in den Folies-Bergères. 1882. London, Courtauld Institute

78 Edouard Manet, Porträt der Mademoiselle Michel Lévy. 1882. Pastell. Washington, National Gallery of Art

79 Edouard Manet, Porträt Irma Brunners. 1880. Paris, Louvre, Cabinet des Dessins

80 Edouard Manet, Nana. 1877. Hamburg, Kunsthalle

81 Edouard Manet, Der Frühling – Jeanne de Marsy. 1881. Zeichnung. Cambridge/USA, Fogg Art Museum

senbahn, den Seine-Brücken, Vergnügungsvierteln und Rennplätzen zu schmücken. 1881 schließlich schuf er ein Bild, das ein mehr als sieben Jahre zurückliegendes Ereignis schildert: »Der Ausbruch Henri de Rocheforts aus der Strafkolonie in Numea / L'Evasion d'Henri de Rochefort«. Offensichtlich brachte Manet der Anekdote als Bildmotiv keine Vorbehalte und schon gar keine Ablehnung entgegen.

Manets Interesse an der Personendarstellung ließ ihn zu einem der besten Porträtisten des 19. Jahrhunderts werden. Bekannt sind die zahlreichen Bildnisse von Berthe → Morisot – vor allem das mit dem schwarzen Hut – sowie die Porträts von Antonin Proust, Clémenceau, → Duret, → Zola, Irma Brunner, Méry Laurent und nicht zuletzt, eines seiner schönsten überhaupt, von Stéphane Mallarmé (vgl. Farbabb. 78, 79; Abb. 81). Gegen Ende seines Lebens, als er die ersten Anzeichen einer beginnenden Lähmung spürte, benützte er mit Vorliebe den leichter zu handhabenden Pastellstift; in dieser Technik machte er Bilder von bekannten Persönlichkeiten der Pariser Gesellschaft, die zu den besten seines Oeuvres gehören. Die natürliche Eleganz seiner Kunst erlaubte es ihm, ein peinlich genauer Beobachter zu sein, ohne jemals gewöhnlich zu wirken.

Obwohl Manet immer nur am Rande zu den Impressionisten gehört und nie so wie diese jungen Künstler die Arbeit im Atelier zugunsten des Malens im Freien aufgegeben hatte, ist er doch, wie ihm allgemein zugestanden, der Begründer der impressionistischen Bewegung. Er war der erste und Jahre hindurch auch der einzige, der für eine neue, junge Kunst kämpfte – eine Kunst, die aus der direkten Beobachtung der Natur und alltäglicher Szenen neue Anregungen und neue technische Ausdrucksmittel zu gewinnen suchte.

Monet, Claude (* 1840 in Paris, † 1926 in Giverny). Claude Monet ist der typischste Vertreter der impressionistischen Stilrichtung, dessen Werk gleichsam Symbolcharakter hat. Sein im Jahre 1874 erstmals ausgestelltes Gemälde »Impression – Aufgehende Sonne / Impression – Soleil levant« (Farbabb. 83) war es, das einen Pariser Journalisten auf die Idee brachte, die neue Malerei als »Impressionismus« zu bezeichnen. Der Bildtitel an sich ist schon sehr bezeichnend, denn er drückt die in der damaligen Zeit revolutionäre Absicht des Künstlers aus, in seiner Malerei seine eigenen Empfindungen und nicht nur eine genau vorbestimmte Thematik wiederzugeben. Diese Einstellung bedeutete den Bruch der modernen Kunst mit dem Kunstschaffen der vorangegangenen Jahrhunderte. Wahrscheinlich waren sich die an der neuen Entwicklung beteiligten Künstler selbst nicht darüber im klaren, wie radikal anders ihre Haltung war. Sie konnten deren Konsequenzen nicht ermessen; dennoch hatten Monet und seine Freunde genügend Selbstvertrauen, um ihre künstlerischen Bemühungen auch durch die größten Schwierigkeiten hindurch fortzusetzen. Als junger Mann hatte Monet in Le Havre → Boudin kennengelernt, später freundete er sich an der → Académie Suisse mit → Pissarro an, und einige Jahre danach machte er im → Atelier Gleyre die Bekanntschaft von → Renoir, → Bazille und → Sisley. So führte ein glücklicher Zufall diejenigen Maler zusammen, die wenig später die gängigen Dogmen der offiziellen Kunst sprengen sollten. Anfänglich waren die gegensätzlichen Positionen der jungen Künstler und der »Salons« allerdings keineswegs so verhärtet, wie es heute meist angenommen wird: So reichte etwa Monet seine Bilder regelmäßig im Salon ein; manchmal wurden sie von der Jury angenommen, und er hatte sogar einen gewissen Erfolg damit – wie bei seiner ersten Bewerbung 1865. In den kommenden Jahren gelang es ihm zwar noch mehrfach, dort auszustellen, aber es wurde tatsächlich immer schwieriger. Monet schuf in dieser Zeit neben Landschaften und einigen Bildnissen berühmte Gemälde, wie die große Komposition »Das Frühstück im Freien / Le Déjeuner sur l'herbe«, das er nach der herben Kritik Courbets vernichtete, von dem aber noch eine wunderbare Vorstudie erhalten ist, die sich heute im Moskauer Puschkin-Museum befindet; außerdem ein Porträt seiner späteren Frau Camille, »Camille – Das grüne Kleid / Portrait de Camille«, das im Salon von 1866 viel Beachtung fand, sowie die »Frauen im Garten / Les Femmes au jardin« (Paris, Musée d'Orsay) und »Das Frühstück im Atelier / Le Déjeuner dans un intérieur«. Dies sind – abgesehen von einigen wenigen, zu sehr verschiedenen Zeiten entstandenen Porträts – fast die einzigen Bilder Monets, auf denen er Menschen wiedergegeben hat. Man könnte in diesem erstaunlich geringen Interesse an der Personendarstellung einen Ausdruck von Gleichgültigkeit sehen; zutreffender ist aber wohl die Annahme, daß für einen so gewissenhaften Künstler wie Monet – das gilt übrigens für alle Impressionisten – das Porträt neben den rein zeichnerischen

82 Claude Monet, Regatta in Argenteuil. Um 1872. Paris, Musée d'Orsay

83 Claude Monet, Impression – Aufgehende Sonne. 1872. Paris, Musée Marmottan

84 Claude Monet, Die Kathedrale von Rouen. 1894. Rouen, Musée des Beaux-Arts

85 Claude Monet, Die Kathedrale von Rouen – Das Portal im Sonnenlicht. 1894. Paris, Musée d'Orsay

auch psychologische Probleme barg und er deshalb das weitaus neutralere Thema Landschaft bevorzugte. Die zeichnerische Aufgabe war schon bedeutsam und schwierig genug, so daß Monet sie nicht von vornherein noch zusätzlich erschweren wollte.

Monet erlebte jetzt – im Alter von 27 Jahren – eine der düstersten Phasen seines Lebens: Seine finanzielle Situation wurde laufend schlechter; er wurde gepfändet und mußte es mitansehen, daß 200 seiner Gemälde zu je 50 Francs versteigert wurden. Völlig verzweifelt unternahm er einen Selbstmordversuch, doch die treue Freundschaft Bazilles half ihm, Schwierigkeiten und Mißerfolge zu überwinden. Im Jahre 1869 – der Salon hatte gerade sein eingereichtes Bild abgelehnt – ging er zusammen mit Renoir nach Bougival, wo sie beide die Badeanstalt »La Grenouillère« malten. Bei Kriegsausbruch begab sich Monet zuerst nach Trouville und dann nach London. In der englischen Hauptstadt traf er Pissarro wieder und bewunderte ebenso wie dieser die Gemälde von Turner. Außerdem lernte Monet hier den Kunsthänder → Durand-Ruel kennen. Nach seiner Rückkehr nach Frankreich im Jahre 1872 zog er nach Argenteuil; hier baute er ein Boot zu einem schwimmenden Atelier um, von dem aus er in Ruhe das Spiel des Lichts auf dem Wasser studieren konnte. Monet griff nun ein früher einmal von Bazille ins Auge gefaßtes Projekt wieder auf und regte seine Freunde zu einer gemeinsamen Ausstellung ihrer Werke an. Diese in die Kunstgeschichte eingegangene Ausstellung fand tatsächlich im Jahre 1874 bei → Nadar statt, erntete aber nur Spott und provozierte die boshaftesten Kommentare von Kritikern und Publikum.

Der erstarrten, reglementierten Ateliermalerei, die damals hohes Ansehen genoß, stellte Monet in seinen Bildern das Instabile der Natur gegenüber, nicht nur in ihrer wechselvollen Bewegtheit, sondern, viel subtiler, auch in ihren Stimmungen und ihrer Atmosphäre. Hätte Monet sich darauf beschränkt, seine Personen in lebendiger Haltung wie bei fotografischen Momentaufnahmen darzustellen, dann hätten seine Theorien sicher Anerkennung gefunden; sein eigentliches Ziel aber war es, das Zittern des Lichts, das Flimmern des Wassers, die Durchsichtigkeit der Atmosphäre und das Glänzen des Laubwerks zu malen. Er wollte den Augenblick nicht als Übergang zu einem anderen Augenblick wiedergeben, sondern ihn fixieren, die Zeit festhalten; unter dieser Prämisse ist eine Landschaft nie dieselbe – am Morgen oder am Abend, im Herbst oder im Frühling. Monet wollte Sonne, Kälte, Wind und Nebel im Bild sichtbar machen. Das waren damals völlig neue Vorstellungen, die Entdeckungen gleichkamen. Auf Monet bezog sich Oscar Wilde, als er später einmal sagte, daß die Natur den Menschen nachahme, denn vor Claude Monet habe niemand das Schillern des Nebels über den Londoner Brücken bemerkt, jetzt aber könne keiner mehr den Londoner Nebel sehen, ohne an Monet zu denken.

Von nun an schuf Monet fast nur noch Landschaftsbilder, vor allem solche, in denen das Wasser als bewegtes Element auftaucht (vgl. Farbabb. 82, 83, 87–89). Die Häfen der Kanalküste, die Ufer der Seine, England, Holland und Venedig lieferten ihm bis zu sei-

86 Claude Monet, Heuschober. 1891. Kohlezeichnung. Privatbesitz

nem Tod unerschöpfliche Themen. Heute kann man sich kaum noch vorstellen, daß diese Kunst, die so voller Frische und Heiterkeit ist und so viel Gespür für den Reiz der verschiedenen Jahreszeiten besitzt, Stürme der Entrüstung und des Hasses hervorrief, die den Mann, der sie als erster verfocht, für viele Jahre ins Unglück stürzten. Monets Hartnäckigkeit sollte aber über das Unverständnis seiner Zeitgenossen siegen; um 1880 nahmen die Anfeindungen langsam ab, und nach und nach lernte der Maler die Ruhe, den Wohlstand, sogar den Erfolg kenenn und erlebte im Alter den Ruhm. Aber auch dieses Glück blieb nicht ungetrübt: Alfred Sisley starb zu früh, um den Triumph des Impressionismus mitzuerleben, Monet hingegen sollte noch Zeuge erneuter Angriffe gegen diese Kunstrichtung werden. Dieses Mal kamen die Angriffe allerdings nicht von seiten der akademischen Künstler, sondern von den Malern der jungen Generation, die ihre, durch den Impressionismus erkämpfte Freiheit, dazu benutzten, diesen Stil abzulehnen und Wege einzuschlagen, die zu neuen kühnen Entdeckungen, zu neuen künstlerischen Vorstellungen führten, die nun ihrerseits auf Ablehnung stießen. Sicher kann man der impressionistischen Technik eines Claude Monet vorwerfen, sie lege weniger Wert auf die Formen als auf die sie umgebende Atmosphäre, doch darf man einem Künstler nicht das Recht absprechen, einen Gedanken konsequent zu Ende zu denken. Monet scheute sich nicht, das Absolute anzustreben: Schon in seiner Bildserie der Kathedrale von Rouen (vgl. Farbabb. 84 und 85) spürt man keinerlei Voreingenommenheit, die dem Betrachter den Materialcharakter des Steins suggeriert, sondern einzig und allein den Wunsch, die unterschiedlichen Lichteffekte auf der Kirchenfassade zu beobachten. Vor

87 Claude Monet, Das Boot. Um 1887. Paris, Musée Marmottan

88 Claude Monet, Junge Mädchen in einem Boot. 1887. Tokio, Nationalmuseum für Moderne Kunst, Sammlung Matsukata

89 Claude Monet, Das Parlamentsgebäude in London – Sonnendurchbruch bei Nebel. 1904. Paris, Musée d'Orsay

allem in seinem selbst angelegten Garten in Giverny hatte Monet seinen Traum Wirklichkeit werden lassen: In einem feenhaften Spiel ohne jegliche feste Form spiegelten sich Girlanden von Glyzinien in der bewegten Oberfläche des Teiches, und auf dem unruhigen Wasser schwammen Seerosen – ein berauschendes Wechselspiel zauberhafter Farben, die um ihrer selbst willen Daseinsberechtigung besaßen. Das gesamte Oeuvre Monets entwikkelte sich auf diese totale künstlerische Freiheit hin, wodurch er am Ende seines Lebens zu einer ebenso von der Realität unabhängigen Kunst gelangte wie die abstrakten Maler heute. Eine rein poetische Welt ohne jegliche Formprobleme, eine Welt, in der die Wiedergabe der Realität nur noch ein ganz äußerlicher Anlaß ist, zeigt schließlich die erstaunliche Serie der »Seerosen«-Bilder (»Les Nymphéas«; vgl. Farbabb. 90–92), die im Musée de l'Orangerie in Paris zwei Räume einnimmt. Von diesen Gemälden geht ein ganz eigenartiger Zauber aus; gleichzeitig geben sie die Gewißheit, daß mit ihnen ein Endpunkt erreicht ist, den der jetzt völlig seine Ausdrucksmittel beherrschende Künstler nicht mehr überschreiten kann, ohne die entdeckte absolute Reinheit wieder aufzugeben.

Diese außergewöhnliche Erfahrung wäre nicht so früh gemacht worden, hätte nicht Monet mit dem erklärten Ziel, dem gleichen Thema neue Aspekte abzugewinnen, wiederholt ein und dasselbe Motiv zu verschiedenen Tages- oder Jahreszeiten und bei unterschiedlicher Beleuchtung gemalt. Die Ansichten des »Bahnhofs Saint-Lazare / La Gare Saint-Lazare« (1876–1877), der »Kathedrale von Rouen / La Cathédrale de Rouen« (1892–1894) und aus seinem Garten in Giverny (1905–1908) gehören zu den berühmtesten. Es gibt aber noch andere Serien, die die gleiche Beachtung verdienen, zum Beispiel »Der Eisgang / La Débâcle des glaces« (1880), »Der Heuschober / La Meule« (1891), »Die Pappeln am Ufer der Epte / Les Peupliers au bord de l'Epte« (1891) sowie die Gemälde von London und Venedig. Kunstliebhaber, die das Glück hatten, auf einer Ausstellung bei Durand-Ruel noch mehrere Bilder zu einem Thema nebeneinander zu sehen, bevor sie durch den Verkauf getrennt wurden, kennen den ganzen verführerischen Reiz einer solchen Zusammenstellung. Mit diesen Werken hat Monet gezeigt, daß es wegen der Lichtunterschiede in der Natur keine absolute Farbe gibt; da sich das Aussehen jedes Gegenstands ständig verändert, besteht die Kunst des Malers darin, den geeignetsten, charakteristischsten Augenblick auszuwählen und im Bild endgültig festzuhalten. Monets Beweisführung ist zwingend; doch auch ohne sie hätte der Impressionismus seine Berechtigung gehabt.

Es ist nur zu verständlich, daß eine solche Kunst, die in ihren Anfängen Zustimmung und Ermutigung von Seiten der naturalistischen Schriftsteller erfuhr, da diese in ihr die bildliche Bestätigung ihrer Objektivitätstheorien sahen, schließlich von eben diesen Schriftstellern abgelehnt wurde. In der Tat war es ja nicht so sehr Naturalismus, was Monet suchte, als vielmehr eine Art Poesie, die durch das verschwommene, sich ständig erneuernde Spiel der Farben der Träumerei viel Raum ließ. Die Kunst Monets, so wie sie uns heute erscheint, mit ihrer großen Freiheit der Darstellungsweise und mit ihrer gleichzeitig poetischen und realistischen Inspiration, wollte keineswegs an die Vergangenheit anknüpfen, selbst wenn man früher glaubte, in einigen Malern des 18. Jahrhunderts ihre Vorbilder sehen zu können. Als einziger könnte der englische Maler Turner als Vorläufer gelten, obwohl dessen Werke – im Gegensatz zu denen Monets, die näher an der Natur bleiben – nur aus traumhaften Vorstellungen entstanden sind. Wenn bei Monet der Eindruck größerer Naturferne entsteht, so liegt dies daran, daß es dem Maler gelang, eine optische Impression festzuhalten, die vor ihm als ungreifbar galt. Monet entfernte sich damit weit von dem Werk einiger anderer Künstler, die ebenfalls dem Impressionismus zugeordnet werden. Seine Kunst hat so gut wie keine Gemeinsamkeiten mit der kräftigen Zeichnung → Degas', wenn man von den späteren Pastellen Degas' absieht, in denen er – vor allem bei seinen Tänzerinnen – vergleichbare schillernde Effekte erzielte; Monets Malerei steht auch im Gegensatz zu den bewußt konstruierten Bildern → Cézannes. Eine wirkliche Verwandtschaft besteht nur zu Sisley und Pissarro, wenngleich Monet mehr Sicherheit in der Anwendung der technischen Mittel besaß. Vor ihm hatten → Jongkind und Boudin diesen Weg eingeschlagen und auf ihre Art eine ähnlich stimmungsvolle Atmosphäre wiedergegeben; sie erreichten indessen nicht diese Poesie, die Claude Monets ureigenste Errungenschaft war.

Claude Monet, Karikatur seines Lehrers Ochard. 1856–1858

Edouard Manet,
Bildnis Claude Monet. 1880

90 Claude Monet, Seerosen. 1920-1926. Privatbesitz

91 Claude Monet, Seerosen. Um 1910. Zürich, Kunsthaus

92 Claude Monet, Seerosen – Wasserlandschaft. 1905. Boston, Museum of Fine Arts, Stiftung Jackson Holmes

Morisot, Berthe (* 1841 in Bourges, † 1895 in Paris). Schon im Alter von 15 Jahren begann Berthe Morisot, die in einer bürgerlichen, kultivierten Familie aufgewachsen war, Malerei zu studieren. Ihre Ausbildung erhielt sie zuerst bei dem eher mittelmäßigen Genremaler Chocarne, danach bei dem »Klassiker« Guichard aus Lyon, der seinen Unterricht auf das Kopieren alter Meister beschränkte. Durch das Zusammentreffen mit Corot, dessen eifrige Schülerin sie sechs Jahre lang von 1862 bis 1868 war, kam sie schließlich zur Freilichtmalerei. Die ersten Werke, die sie im Salon von 1870 ausstellte – wie zum Beispiel die »Ansicht des kleinen Hafens von Lorient / Vue du petit port de Lorient« (1869; New York, Privatbesitz) – waren sehr stark vom Stil ihres Lehrers geprägt. Indessen wurde auch noch eine zweite und für die junge Künstlerin nicht weniger entscheidende Bekanntschaft entscheidend – die seit dem Jahre 1868 bestehende Freundschaft mit → Manet. Berthe Morisot wurde seine Schülerin, sein Modell und 1874 durch ihre Heirat mit dem Bruder des Malers, Eugène Manet, seine Schwägerin. Sie war es auch, die Manet für den Pleinairismus – das Glaubensbekenntnis des von ihr von Anfang an vertretenen Impressionismus – begeisterte. Obwohl Berthe Morisot das von Corot Erlernte keineswegs über Bord warf, überlagerten die Ratschläge Manets nun in gewisser Weise dessen Einfluß, und erst im Jahre 1879 gelang es der Malerin, ihren eigenen Stil zu finden. Werke wie »Die Wiege / Le Berceau« (1873; Paris, Musée d'Orsay) – die 1874 in der Ausstellung bei → Nadar zu sehen war – oder »In Maurecourt / A Maurecourt« (1874; Paris, Privatbesitz; Farbabb. 93) sind in dieser Hinsicht äußerst aufschlußreich. Ganz allmählich gelangte die Künstlerin jedoch zu einer sehr persönlichen Malweise; das Nebeneinander von großen frei verteilten Farbflächen gab ihren Bildkompositionen eine Leichtigkeit, die ohne jegliche Manieriertheit war, so etwa in dem Gemälde »Junge Frau im Ballkleid / Jeune femme en toilette de bal« (um 1879/80; Paris, Musée d'Orsay). Allerdings bemühte sie sich schon bald, den Impressionismus zu überwinden, da dieser sich ihrer Meinung nach zu stark an atmosphärische Einzelheiten band und nicht genügend die Probleme der Form berücksichtigte. Trotzdem bewahrte sie sich die künstlerischen Fertigkeiten, die es ihr erlaubten, das Flimmern des Lichts und die Zartheit der silbrigen Töne wiederzugeben – Qualitäten, die den Wert ihrer Aquarelle ausmachen. Als Beispiel für die exzellente, zurückhaltende Spontaneität der Aquarellmalerei Berthe Morisots stehe das Bild »Auf der Terrasse in Meudon / Sur la terrasse à Meudon« (1884; Chicago, Art Institute; Farbabb. 94).

Nadar – Pseudonym für Félix Tournachon (* 1820, † 1910). Eingedenk der schwierigen Anfänge seiner eigenen künstlerischen Laufbahn sowie der seiner Kollegen sagte Claude → Monet einmal: »Nadar, der große Nadar, der für uns so wichtig war wie das tägliche Brot, stellte uns den Raum zur Verfügung . . .« In der Tat, der berühmte Fotograf überließ seine Atelierräume im Haus Nr. 35 auf dem Boulevard des Capucines den späteren Impressionisten, die dort in der Zeit vom 15. April bis zum 15. Mai 1874 die erste der insgesamt acht Ausstellungen der »Anonymen Gesellschaft der Kunstmaler, Bildhauer und Grafiker« (»Société anonyme coopérative des Artistes peintres, sculpteurs, graveurs, etc.«; vgl. die *Einführung* dieses Buches) veranstalteten. Die ganze Avantgarde der jungen Maler, das heißt, alle vom offiziellen Salon abgelehnten Maler waren dort vertreten. Neben → Boudin, Lépine und einigen anderen, die auf Vorschlag → Degas' gewissermaßen als Aushängeschild eingeladen worden waren, war mit Ausnahme von → Manet die gesamte Gruppe der zukünftigen Impressionisten – → Cézanne eingeschlossen – versammelt. Der Name Nadars wird für immer mit dem der großen Künstler seiner Zeit verbunden bleiben, von denen er uns unübertreffliche fotografische Porträts überliefert hat. Kein gemaltes Porträt besaß mehr psychologische Ausdruckskraft als Nadars Fotos des temperamentvollen Delacroix, des unruhigen Constantin Guys, des assyrisch aussehenden Courbet oder des hoheitsvoll blickenden Monet, ganz zu schweigen von dem berühmten Foto Baudelaires. Genauso treffend wußte er die Intelligenz Manets, die Gutmütigkeit Corots oder den schwermütigen Charakter Daumiers mit der Kamera einzufangen. Die Fotografie verdankt es Nadar, daß sie in der psychologischen Ausdeutung der Charaktere und Gesichter manchmal der Malerei gleichkommt.

Nouvelle Athènes. Um das Jahr 1877 herum wurden die meisten Mitglieder der impressionistischen Gruppe in alle Winde verstreut. In dieser Zeit versammelten sich aber immer noch einige Künstler, deren Namen ebenfalls mit dem Impressionismus verbunden sind, regelmäßig im Café de la Nouvelle Athènes an der Place Pigalle. Die Schriftsteller waren bei diesen Zusammenkünften in der Überzahl; hier trafen sich → Duranty, → Zolas Freund Paul Alexis und vor allem der irische Romancier George Moore, der in seinen Memoiren ein lebendiges Bild dieser Abende gezeichnet hat. Von den Malern kam nur → Renoir, der noch in Paris lebte, recht häufig. → Monet, → Sisley und → Cézanne in Begleitung des Musikers Cabaner tauchten nur selten in dem Lokal auf. In einem Raum des Nouvelle Athènes saß der Grafiker Marcellin Desboutin zusammen mit der Schauspielerin Ellen Andrée Modell für → Degas' Gemälde »Absinth / L'Absinthe« (Farbabb. 26); ebenfalls in diesem Café zeichnete Manet eine Studie von George Moore, der elegant und lässig am Tisch sitzt.

Pissarro, Camille (* 1830 in Saint-Thomas / ehemals dänische Antillen-Inseln, † 1903 in Paris). Der Landschaftsmaler Pissarro fühlte sich besonders stark den Dörfern der Ile-de-France und dem ländlichen Leben verbunden. Er gehörte zur Künstlergruppe der Impressionisten, und durch seine Malweise war er einer ihrer typischsten Vertreter, einer der wenigen Malern, deren Oeuvre dazu beigetragen hat, daß diese Bewegung die Bedeutung einer »Schule« erlangte. Er, der älteste Repräsentant der Gruppe, war der einzige, der an allen acht Impressionisten-Ausstellungen teilgenommen hat.

Sein Vater, ein Franzose portugiesischer Abstammung, hatte eine Kreolin

93 Berthe Morisot, In Maurecourt. 1874. Paris, Privatbesitz

94 Berthe Morisot, Auf der Terrasse in Meudon. 1884. Aquarell. Chicago, Art Institute

geheiratet und sich als Eisenwarenhändler auf einer der Jungfern-Inseln (Antillen) angesiedelt. Nach seinen Vorstellungen sollte sein Sohn später in sein Unternehmen eintreten; vorher aber schickte er ihn zur Ausbildung nach Paris. Der Leiter des Internats von Passy, in dem sich Camille zwischen 1841 und 1847 befand, war Hobbymaler; dieser Monsieur Savary lehrte den Jungen das Zeichnen und das Studium der Natur. Wieder daheim auf den Antillen war er nach wenigen Jahren vollends davon überzeugt, daß er nicht für das väterliche Geschäft geeignet sei. Als er 1852 Saint-Thomas in Begleitung des dänischen Künstlers Fritz Melbye verließ, um mit ihm nach Venezuela zu gehen und dort mit ihm zu malen, kam es zu einem Streit mit seinem Vater. Die nur wenig bekannten Zeichnungen Pissarros aus dieser Zeit zeigen schon eine vielversprechende Ausdruckskraft; wohl aufgrund dieser offensichtlichen Begabung des Sohnes willigte der Vater letzten Endes in seine Pläne, nach Paris zu gehen, ein. Im Jahre 1855 – die erste Weltausstellung zeigte gerade eine außergewöhnliche Anzahl von Werken zeitgenössischer Meister – traf Pissarro in der französischen Hauptstadt ein. Seine Bewunderung galt in erster Linie Delacroix, Millet und Corot, bei dem er später Unterricht nahm. Wenngleich Pissarro in verschiedenen Ateliers arbeitete – unter anderem in der → Académie Suisse, in der er → Monet, → Guillaumin und im Jahre 1861 → Cézannne kennenlernte –, so kehrte er doch mehr als einmal zu Corot zurück und erhielt schließlich von ihm sogar die Erlaubnis, sich als dessen Schüler zu bezeichnen. Diese Tatsache erwähnte er später einmal im Zusammenhang mit dem Katalog des Salons, in dem er noch als »Schüler des Marinemalers Anton Melbye« (dem Bruder seines Freundes Fritz Melbye), der ihm einige Unterrichtsstunden gegeben hatte, aufgeführt war. Dem Beispiel des von ihm so bewunderten Landschaftsmalers folgend, aber auch aus persönlicher Neigung malte Pissarro häufig in der Umgebung von Paris. Mit einer »Landschaft bei Montmorency / Paysage de Montmorency« gelang es ihm im Jahre 1859 erstmals, im offiziellen Salon aufgenommen zu werden. 1861 hingegen wurde sein eingereichtes Bild von der Jury abgelehnt, was in der Folgezeit noch öfter passieren sollte. 1863 stellte er dann zusammen mit → Manet, Cézanne, Guillaumin und Fantin-Latour im Salon des Refusés aus. Unter dem Einfluß Courbets und Manets hellte sich Pissarros anfangs ziemlich düstere Malerei allmählich auf; gleichzeitig wurde seine Handschrift großzügiger. Seine neuen künstlerischen Theorien, die im → Café Guerbois heftig diskutiert wurden, brachten ihm allerdings die Mißbilligung Corots ein.

In Pontoise, wo sich Pissarro seit 1866 aufhielt, malte er zahlreiche Bilder, die er mit Unterstützung Daubignys zwar manchmal im Salon ausstellen, von denen er aber nur ganz selten einmal eines verkaufen konnte, und wenn, dann für einen lächerlich niedrigen Preis. 1869 zog er nach Louveciennes, von wo ihn schon im Jahr darauf die feindlichen Truppen vertrieben. Zuerst flüchtete er sich in die Bretagne, dann nach England. In London lernte er den Kunsthändler Paul → Durand-Ruel kennen, der sich bei seiner allgemeinen Begeisterung für die impressionistische Stilrichtung auch für Pissarros Malerei interessierte. Monet befand sich zu der Zeit ebenfalls in London und studierte zusammen mit Pissarro die Werke von Constable und Turner, die auf unterschiedliche Weise entscheidend zur Ausprägung des Stils der beiden französischen Maler beigetragen haben, auch wenn Monet und Pissarro diesen Einfluß später leugneten oder zumindest abschwächten. Bei seiner Rückkehr nach Frankreich im Juni 1871 fand Pissarro sein Haus in Louveciennes von den Besatzungstruppen geplündert; seine Gemälde waren zerstört oder lagen als Läufer im Garten. Im Jahre 1872 ließ er sich wieder in Pontoise nieder; hier besuchte ihn Cézanne, der damals kurzfristig von ihm beeinflußt war, um mit ihm zusammen zu malen, so wie das auch Guillaumin mehrfach tat. Pissarro war der erste, der Cézannes künstlerische Eigenständigkeit entdeckte, die bald darauf deutlich zum Vorschein kommen sollte. Seine eigene Malweise hielt er in der Zeit von 1872 bis 1874 für die freieste und »impressionistischste«; er gebrauchte diesen Begriff übrigens schon, bevor ein Kunstkritiker ihn »erfand«. Die Sensibilität seiner Sehweise fand in seinen Bildern ihren Ausdruck in der Leichtigkeit der Pinselführung und der Zartheit der Farben; charakteristisch hierfür sind folgende Landschaften, die zu seinen besten Werken überhaupt gehören: »Das Waschhaus / Le Lavoir, Pontoise, Entrée du village de Voisins« (1872; Paris, Musée d'Orsay), »Der Heuschober / La Meule« (1873; Privatbesitz) und »Die Ermitage in Pontoise / L'Ermitage, Pontoise« (1874; Privatbesitz). Eine herbstliche Landschaft, ein blauer Himmel oder eine milde Sonne über einem menschenleeren Dorf – diese typischen Elemente geben Pissarros Gemälden den Hauch von heiterer Melancholie; aus ihnen spricht auch noch für den heutigen Betrachter ein – wie es der große Bewunderer des Malers, Théodore → Duret, einmal beschrieben hat – »echtes und tiefes Gefühl für die Natur«.

Die bisher geschilderte künstlerische Entwicklung Pissarros erfuhr eine vorübergehende Wertschätzung durch das Publikum. Doch schon im Jahre 1874 machten es ihm die Kritiker zum Vorwurf, daß er gemeinsam mit Freunden ausstellte, die sich unter der Führung von Claude Monet zur »Anonymen Gesellschaft der Kunstmaler, Bildhauer und Grafiker« (»Société anonyme coopérative des Artistes peintres, sculpteurs, graveurs, etc.«; vgl. die *Einführung* dieses Buches) zusammengeschlossen hatten. Diese erste von insgesamt acht durch die Vereinigung organisierten Ausstellungen wurde sehr bald als eine Art Unabhängigkeitserklärung gegenüber dem offiziellen Salon verstanden. Historisch gesehen war sie der Beginn der Bewegung des Impressionismus, der zu Recht seinen, damals ironisch gemeinten, Namen erhielt. Pissarro war auf der Ausstellung mit fünf Landschaftsbildern vertreten, über die das *Charivari* – bezugnehmend auf das »Gepflügte Feld / Les Champs labourés« – schrieb, sie sähen aus, als habe der Maler seine Palette abgekratzt und das Abgekratzte gleichmäßig auf eine schmuddelige Leinwand aufgetragen. Die ablehnende Haltung der Kunstfreunde war nicht weniger aggressiv als die der Kritiker; der Kunsthändler Durand-Ruel sah sich jetzt in der schwierigen Situation, die vielen Bilder, die er von den impressionistischen Malern erworben hatte, nicht weiterverkaufen zu können. Dies verschlimmerte auch die ohnehin schon schlechte finanzielle Lage Pissarros, der für eine große Familie zu sorgen hatte. – Übrigens wurden drei Söhne des Künstlers ebenfalls Maler: Lucien (1863–1941), der schon auf der achten, der letzten, Impressionisten-Ausstellung vertreten war, sowie Georges, genannt Manzana-Pissarro (1871 bis 1961), und Ludovic Rodolphe, genannt Ludovic-Rodo (1878–1952).

Camille Pissarro, in dessen Charakter sich Gutmütigkeit und kämpferischer Geist verbanden, machte nie irgendwelche Zugeständnisse an den Geschmack des Publikums. Als er aber mit immer größeren materiellen Schwierigkeiten fertig werden mußte, sah er sich zu Arbeiten gezwungen, die sich leicht verkaufen ließen. So bemalte er Fächer und entwarf Grafiken. Sein grafisches Werk ist neben dem → Degas' das bedeutendste von allen Impressionisten. Pissarro machte mehr als 200 Grafiken, in erster Linie Radierungen und Lithografien. Diese in der Qualität sehr unterschiedliche Produktion – Landschaften von Rouen, Pontoise oder Eragny, einige ländliche Szenen und sogar ein paar Porträts, darunter sein Selbstbildnis – zeugen von der äußerst sensiblen Beobachtungsgabe und der sehr persönlichen Malweise des Künstlers.

In den Jahren von 1874 bis 1886 – der Zeitraum, den die acht Impressionisten-Ausstellungen abstecken – veränderte sich Pissarros Malerei nur wenig. Allerhöchstens läßt sich feststellen, daß er zunehmend mit kurzen, ungeglätteten Pinselstrichen arbeitete, weshalb die Farbtöne und -flächen manchmal etwas unruhig wirken. Durch den harmonischen Zusammenklang der Grün- und Rottöne gilt das Bild »Die roten Dächer / Les Toits rouges. (1877; Paris, Musée d'Orsay) als eines der schönsten Gemälde dieser Zeit. Allerdings kommt die Palette Pissarros nicht an das ausgeklügelte Raffinement → Sisleys heran, auch nicht an die Kühnheit Monets oder den Charme → Renoirs. Möglicherweise hatte der Künstler selbst das Bedürfnis nach einer exakteren Technik, denn beim Zusammentreffen mit → Seurat im Jahre 1885 erlag er sofort der Anziehungskraft der Theorien, die die Farbzerlegung zum Prinzip des Neo-Impressionismus machten. Schon 1886 wandte Pissarro selbst diese Technik in seinen Bildern an. Trotz mancher Vorbehalte von seiten seiner Freunde setzte er es in demselben Jahr auch durch, daß Seurat und sein Schüler → Signac an der achten und letzten Ausstellung der Impressionisten teilnehmen konnten. Zwei Jahre lang huldigte er dem Pointillismus; ein für diese Phase ganz typisches Bild befindet sich im Musée d'Orsay: »Frau im Obstgarten – Frühlingssonne in Eragny / Femme dans un clos. Soleil de printemps dans le pré à Eragny« (1887). Dieses Gemälde entstand in Eragny im Département Eure, wo sich der Maler 1884 niedergelassen hatte, nachdem er vorher in Pontoise, Rouen und Osny gewohnt hatte. Die Zwänge einer zu systematischen Ausdrucksform ließen sich auf die Dauer nicht mit dem Temperament Pissarros vereinbaren. 1888 wandte er sich deshalb wieder vom Pointillismus ab, um die Freiheit seiner künstlerischen Hand-

95 Camille Pissarro, Place du Théâtre-Français. Sonnenlicht. 1898. Belgrad, Nationalmuseum

96 Camille Pissarro, Der Loing-Kanal. 1902. Paris, Musée d'Orsay

97 Camille Pissarro, Die Rue de l'Epicerie in Rouen an einem trüben Morgen. 1898. Paris, Privatbesitz

98 Camille Pissarro, Die Insel Lacroix vor Rouen bei Nebel. 1888. Philadelphia, Museum of Art, Sammlung Johnson

schrift zurückzugewinnen. Dies hinderte ihn aber nicht daran, später gelegentlich auf die kleinen, nebeneinandergesetzten Farbtupfen zurückzugreifen, wie etwa in seinen Ansichten von Rouen (vgl. Farbabb. 97, 98) oder von den breiten Boulevards in Paris (vgl. Farbabb. 95). Das in seinem Todesjahr 1903 entstandene Selbstbildnis (London, Tate Gallery) zeigt einen alten Mann mit lebhaften Augen, dessen langer weißer Bart ihn wie einen Bruder Monets erscheinen läßt – beide Patriarchen des Impressionismus.

Renoir, Auguste (* 1841 in Limoges, † 1919 in Cagnes). Zumindest in seiner Anfangszeit war Renoir einer der bedeutendsten Vertreter des Impressionismus; darüber hinaus gehört er in die Reihe der Künstler, deren Malerei – von Tizian und Tintoretto bis zu Rubens, von Fragonard bis zu Delacroix und Courbet – ein einziges Fest der Sinnenfreude und Huldigung an die Frau ist.

Renoir, Sohn eines Schneiders, begann folgsam damit, daß er kleine Blumensträuße auf Porzellanteller malte und anschließend mit der gleichen Gewissenhaftigkeit Fächer und Markisen für Missionare verzierte. Heimlich, im Innern, hegte er jedoch größere Hoffnungen, und als er ein wenig Geld gespart hatte, nahm er Abschied von dem Leben eines biederen Handwerkers, um erneut in die Lehre zu gehen. Im Jahre 1862 trat er in das → Atelier Gleyre ein, wo er → Monet, → Bazille und → Sisley kennenlernte – so bildete sich der Kern der späteren Impressionisten-Gruppe. Im Jahr darauf begab sich Renoir, nach seinem Austritt aus dem Atelier, zusammen mit seinen neuen Freunden in den Wald von Fontainebleau, um dort im Freien nach der Natur zu malen. Der Einfluß Courbets, unter dem er damals stand, läßt sich ebenso wie in dem Bild »Das Ehepaar Sisley / Le Ménage Sisley« (1868) in dem Werk »Badende mit Hund / La Baigneuse au griffon« (1870) feststellen; bei beiden Künstlern findet sich die gleiche Liebe zum Stofflichen, das gleiche Gespür für Räumliches und die gleiche großzügige Darstellungsweise. Der enge Kontakt mit Claude Monet führte indessen bald dazu, daß Renoir in einigen Gemälden die Technik der Farbzerlegung – eine der Errungenschaften des Impressionismus – ausprobierte; diesem Umstand verdanken wir die beiden großartigen Fassungen der Badeanstalt »La Grenouillère« von 1869. Im Jahre 1870 wurde Renoir zur Kavallerie eingezogen; gleich nach dem Krieg nahm er wieder Verbindung zu seinen Kollegen auf und stellte 1874 in der berühmten Ausstellung bei → Nadar aus, in der der Impressionismus geboren wurde. Sein Bild »Die Loge / La Loge« gehörte zu den Werken, die die schärfste Kritik hervorriefen. Gerade in dieser Zeit malte er so herausragende Werke wie »Tanz im Moulin de la Galette / Le Moulin de la Galette« (1876; Farbabb. 99), »Die Schaukel / La Balançoire« oder »Ansteigender Weg im hohen Gras / Le Chemin montant dans les herbes« (1876). Vor allem machten es ihm seine Zeitgenossen zum Vorwurf, daß sich in seinen Gemälden die durch das Laubwerk dringende Sonne in regelrechten Flecken auf den Gestalten zeigt. Heute, wo man an farbige Schatten und violette Töne gewöhnt ist, kann man nur schwer begreifen, welch unglaubliche Neuerung ein Bild wie etwa »Tanz im Moulin de la Galette« zu der Zeit seiner Entstehung darstellte. Typisch für die impressionistische Phase Renoirs ist die gelungene Verbindung von Naturwiedergabe und stimmungsvoller Atmosphäre; den Künstler reizte sowohl das ungezwungene Beisammensein seiner Personen, als auch das flimmernde Farbenspiel der Blätter oder des Wassers. Im Gegensatz zu seinen Freunden, deren Hauptinteresse der Landschaft galt, bevorzugte Renoir Figurenkompositionen oder Porträts. Nachdem er das volksfesthafte Treiben beliebter Ausflugslokale beschrieben hatte, widmete er sich der vornehmen Pariser Gesellschaft und malte von ihr einige der prächtigsten Gemälde, die es aus jener Epoche überhaupt gibt, etwa »Die Familie Henriot / La Famille Henriot« (1876), das »Porträt Jeanne Samarys« (1877) oder das Bildnis der »Madame Charpentier mit ihren Töchtern / Madame Charpentier et ses filles« (1878). Als Schilderer des gesellschaftlichen Lebens seiner Zeit konnte Renoir nicht auf die Darstellung der menschlichen Gestalt verzichten. Während die Anstrengungen → Cézannes darauf abzielten, alles auf die unpersönliche Ebene des Gegenstands zu reduzieren und ein Gesicht ebenso ruhig und unbeteiligt wiederzugeben wie einen Apfel, so bemühte sich Renoir ganz im Gegenteil darum, alles mit seiner Vorstellung vom Menschen in Einklang zu bringen. Auf seinen Bildern sind die Blumen und Früchte genauso bunt, frisch und echt wie die Körper seiner Gestalten, deren pulsierendes Leben man zu spüren glaubt. Auf eine knappe Formel gebracht kann man sagen: Cézannes Malerei ist primär vom Intellekt beherrscht, diejenige Renoirs vom Gefühl; Cézanne betrachtete und dachte nach, Renoir sah und fühlte. Auch farblich ist ein Unterschied bei diesen beiden Künstlern festzustellen – bei Renoir dominieren die warmen Rottöne, bei Cézanne die kalten Blau- und Grüntöne.

Die eigentliche impressionistische Phase Renoirs ging nun langsam ihrem Ende entgegen. Während der Sommermonate des Jahres 1880, in denen er häufig das Lokal von Mutter Fournaise auf der Ile de Croissy in der Nähe von Bougival aufsuchte, entstand »Das Frühstück der Bootsfahrer / Le Déjeuner des canotiers«, eines der letzten Bilder, in denen der Maler das künstlerische Ideal seiner Jugend noch einmal in einer besonders demonstrativen Synthese zum Ausdruck brachte. Der damals 40 Jahre alte Renoir verspürte jetzt selbst das Bedürfnis nach einer Neuorientierung. Die Leichtigkeit und Systematik, der der Impressionismus gerade zu verfallen drohte, beunruhigten ihn außerordentlich. Wie Cézanne einige Jahre früher, so fand Renoir durch eine Rückbesinnung auf die klassische Tradition wieder zu seiner eigenen Ausdrucksform. Im Herbst 1881 reiste er nach Italien. Im Anschluß an einen Aufenthalt in Venedig begab er sich nach Rom, wo er lange die Fresken Raffaels in der Villa Farnese studierte; danach fuhr er nach Neapel weiter und lernte dort die pompejanische Malerei kennen. Renoir selbst sagte später einmal über diese Zeit: »Damals gab es einen Bruch in meinem Werk. Ich hatte die Möglichkeiten des Impressionismus voll ausgeschöpft und die Überzeugung gewonnen, daß ich weder malen noch zeichnen konnte.

99 Auguste Renoir, Tanz im Moulin de la Galette. 1876. Paris, Musée d'Orsay

100 Auguste Renoir, Frau mit Katze. 1875. Washington, National Gallery of Art

101 Auguste Renoir, Der erste Ausgang. 1875-1878. London, Tate Gallery

Kurz, ich befand mich in einer Sackgasse.« (»Il s'est fait alors une cassure dans mon œuvre. J'étais allé jusqu'au bout de l'Impressionisme et j'arrivais à cette constatation que je ne savais ni peindre, ni dessiner. En un mot, j'étais dans une impasse.«) Unter dem Einfluß Raffaels wurde Renoirs Malweise glatter. Als Gegenreaktion auf die impressionistische Aufteilung und Zerlegung der Farben in nebeneinandergesetzte Pinselstriche gab er nun seinen klar und exakt begrenzten Formen bewußt eine ungewohnte Sprödigkeit. Was ihn an der italienischen Malerei – vor allem an Raffael – so faszinierte, war die Qualität der Zeichnung, einer Zeichnung, die kalt wirkt, aber die Formen so scharf und konzentriert modelliert, daß der Anteil des Gefühls und der Überlegung im künstlerischen Endprodukt nur schwer zu bestimmen ist. Renoir, der bislang Form durch Farbe gestaltet hatte, für den die Farbe selbst Zeichnung war, begann jetzt, sie in den festen Rahmen einer immer kleinteiliger und genauer werdenden Malerei einzuspannen. Diese sogenannte ingres'sche Periode – Renoir nannte sie treffender seinen »herben Stil« (»manière aigre«) – kennzeichnet die Vorliebe für kalte, scharfe Farbtöne und eine glatte, stumpfe Oberfläche. Auch wenn es sich hierbei nur um eine Übergangsphase handelt, so ist sie doch nicht weniger entscheidend für das Gesamtwerk, insofern, als sie bewundernswerte Willensanstrengung offenbart und einen der kritischen Augenblicke im Leben eines Künstlers bezeichnet, in dem er alles in Frage stellt und neu durchdenkt, auch seine eigene Begabung. Diese Disziplin, die Renoirs eigentlichen Neigungen ganz und gar nicht entsprach, hatte die beste Wirkung; dies beweisen die zahlreichen, um 1885 entstandenen Gemälde, besonders »Die großen Badenden / Les Grandes Baigneuses« (Farbabb. 103) und »Die Zöpfe / La Natte«. Renoir ertrug diese Fesseln, in denen sein Genie sich nicht ihm gemäß entfalten konnte, jedoch nicht lange und wandte sich ohne Zögern – und mit mehr Elan als während seiner impressionistischen Phase – wieder der seinem eigentlichen Wesen entsprechenden farbenfrohen Malweise zu. Durch die gemachten Erfahrungen aber gewann er größere Selbstsicherheit und vor allem die Fähigkeit, sich nicht mehr zu eng an die Realität zu binden und künftig das behandelte Thema seinem schöpferischen Willen zu unterwerfen.

Renoirs Spätstil brachte eine beispiellose Entfaltung. In der wiedergefundenen Einheit von Farbe und Form, Raum und Licht verherrlichte der Maler unzählige Male den weiblichen Körper als den Mittelpunkt der Schöpfung. Nun füllten große Akte die Landschaften und beherrschten bald die ganze Bildfläche. Rot in unendlichen Nuancen wurde die dominierende Farbe, die alle anderen Töne verzehrte. Sein Dienstmädchen Gabrielle – sein Lieblingsmodell – verkörperte in jedem Bild aufs Neue die Frau in ihrer ewigen Jugend (Farbabb. 104 und 106). Charakteristisch für die Bilder jener Periode ist, daß sie dem Anschein nach in einer absolut freien Malweise geschaffen wurden, jedoch weitaus überlegter komponiert sind als die Werke von Monet oder Sisley, andererseits aber spontaner und natürlicher erscheinen als die von → Degas. Diese Gemälde, in denen Renoir seine künstlerischen Fähigkeiten voll entfaltete, waren lange Zeit umstritten und werden auch heute noch oft im Verhältnis zu seinen Frühwerken negativ bewertet. Die großen Akte – der wesentlichste Teil seines Schaffens nach 1900 – verkörpern im Vergleich etwa mit der »Loge« oder dem »Tanz im Moulin de la Galette« sicherlich eine Kunst, die dem Betrachter weniger leicht zugänglich ist. Es ist eine von allen Zwängen befreite Kunst, die die Gefühle des Künstlers mit einer Kühnheit ins Bild überträgt, wie es im Impressionismus noch nicht denkbar war. Schon die Themenwahl an sich ist recht aufschlußreich. Renoir schreckte nicht davor zurück, die für ihn so erfolgreiche Porträtmalerei aufzugeben; in dem Augenblick, in dem er sich als Porträtist durchgesetzt hatte, begann er Kompositionen, Akte und Stilleben zu malen, ohne die Gewißheit, mit diesem Genre ein neues Publikum gewinnen zu können. Dieses Verhalten ist weniger auf eine Kunsttheorie zurückzuführen als auf seinen Charakter. »Für mich«, so sagte er gern, »muß ein Bild etwas Liebenswertes, Erfreuliches und Hübsches, ja, etwas Hübsches, sein! Es gibt genug unerfreuliche Dinge auf der Welt, als daß wir noch weitere fabrizieren müßten!« (»Pour moi un tableau doit être une chose aimable, joyeuse et jolie, oui, jolie! Il y a assez de choses embêtantes dans la vie pour que nous n'en fabriquions pas encore d'autres!«)

Diese sinnliche Freude an Form und Stoff, die Renoir nach eigenen Worten dazu verleiteten, »ein Bild zu streicheln, mit der Hand über seine Oberfläche zu tasten« (»à peloter un tableau, à passer la main dessus«), empfand er besonders intensiv und mußte ihn unweigerlich zur Plastik führen. Er versuchte sich in dieser Kunstgattung leider erst zu einem Zeitpunkt, als ihm seine körperliche Konstitution keine große Geschicklichkeit mehr erlaubte. Er zog deshalb einen jungen Bildhauer heran, der unter seiner ständigen Kontrolle arbeitete. Das einzige Werk, das wahrscheinlich ganz von Renoirs Hand stammt, ist die um 1907/08 geschaffene Porträtbüste seines Sohnes »Coco«. Die anderen Skulpturen, die auf seine Anweisungen hin und mit seiner Zustimmung von dem Bildhauer Richard Guino ausgeführt worden sind, zeigen in Form und Aussage eine deutliche Verwandtschaft mit dem gemalten Oeuvre Renoirs. Die große »Venus / Vénus« und die große »Knieende Wäscherin / Laveuse accroupie« gelten als Hauptwerke der zeitgenössischen Bildhauerei.

Die Kunst Renoirs ist heiter, denn der Künstler selbst war ohne Bitterkeit und Neid. Sein gesamtes Schaffen gehorchte einer inneren Logik und entsprach dem ausgeglichenen Leben des Malers, der sich selbst in den schmerzlichsten Situationen in sein Schicksal fand: Als seine Hände durch eine Krankheit verkrüppelten, ließ er sich, um weitermalen zu können, den Pinsel ans Handgelenk binden. Der in seiner Anfangszeit mittellose junge Mann, der auf dem Montmartre wohnte und die jungen Frauen dieses Stadtviertels, hübsche Arbeiterinnen und Modelle, leichtsinnige und flatterhafte Wesen, kennenlernte, sollte später Zugang zu den vornehmsten Familien des Pariser Bürgertums erhalten. Ganz unabhängig davon jedoch, ob er den »Tanz im Moulin de la Galette«, »Die Schaukel« oder das

102 Auguste Renoir, Badende mit langen Haaren. Um 1895. Paris, Musée de l'Orangerie

103 Auguste Renoir, Die großen Badenden. 1884-1887. Philadelphia, Museum of Art, Sammlung Caroll S. Tyson

104 Auguste Renoir, Gabrielle mit offener Bluse. Um 1910. Privatbesitz

»Frühstück der Bootsfahrer« malte, oder ob er in Auftrag genommene Porträts ausführte – er brachte primär, über die exakte Wiedergabe des Themas hinaus, seine eigenen Empfindungen zum Ausdruck und blieb so vor allem sich selbst treu. Seine unterschiedlichsten Werke sind daher durch den gleichen Geist geprägt. Von dem Zeitpunkt an, von dem ab er fast ganz auf genau definierte Bildthemen verzichtete und vornehmlich Akte malte, gab es in der Malerei Renoirs keinen größeren Bruch mehr; Gabrielle diente ihm als Modell für unzählige Darstellungen von Badenden – das war seine Art von »reiner Malerei«. In ihnen wurde noch einmal deutlich, daß in Renoir die Liebe zur Malerei und die Bewunderung für das Weibliche untrennbar miteinander verbunden waren, beides Aspekte ein und derselben Leidenschaft, der gleichen Sehnsucht nach einem hellen, ungetrübten Leben.

Auguste Renoir,
Bildnis Auguste Rodin. 1914

Seurat, Georges (* 1859 und † 1891 in Paris). Seurat war der Begründer des Neo-Impressionismus und zugleich dessen wichtigster Vertreter. Seiner starken Persönlichkeit gelang es, auf einer überwiegend wissenschaftlichen Basis eine poetische Konzeption der Malerei aufzubauen. Es blieb ihm in seinem kurzen Leben gerade Zeit genug, um ein aus nicht ganz 50 Bildern und fast 400 Skizzen bestehendes Werk zu schaffen, das die Prinzipien der »optischen Mischung« – des sogenanten »Divisionismus« – zu einer solchen Perfektion entwickelte, daß der Betrachter die ihnen zugrundeliegende Systematik vergißt. Diese Begabung machte Seurat zur treibenden Kraft des Pointillismus, einer der außergewöhnlichsten Schulen in der Geschichte der Malerei.

Das Leben Seurats bietet über seine künstlerische Tätigkeit hinaus nur wenig Wissenswertes. Sein größtes Abenteuer war die Malerei, die gewissenhafte und besessene Suche nach einer Methode, die den Anforderungen seines klaren, scharfen Verstands entsprach und gleichzeitig seiner Vorliebe für »stille Harmonie«. Sein Lebenslauf läßt sich mit wenigen Sätzen beschreiben. Er war der Sohn einer Pariserin und eines aus der Champagne stammenden Gerichtsdieners in La Villette; seine Eltern wohnten zuerst in der Rue de Bondy, der heutigen Rue René-Boulanger, dann auf dem Boulevard de Magenta. Während der Herrschaft der Kommune (vgl. die *Einführung* dieses Buches) befand sich Seurat in Fontainebleau, und seine Militärzeit, die er als Freiwilliger von fünf Jahre auf zwölf Monate reduzieren konnte, absolvierte er in Brest; 1880 bezog er eine Wohnung in Paris in der Rue de Chabrol Nr. 19. Die Sommermonate verbrachte er 1885 in Grandcamp, 1886 in Honfleur. Im Jahre 1888 machte er zusammen mit → Signac eine Reise nach Brüssel und hielt sich einige Zeit in Port-en-Bessin auf. 1889 arbeitete er den Sommer über in Le Crotoy, 1890 in Gravelines. Am 16. Februar 1890 schenkte ihm seine Lebensgefährtin Madeleine Knobloch einen Sohn, der den Namen Pierre-Georges erhielt. Im gleichen Jahr malte er von seiner Freundin das berühmte Bild »Junge Frau bei der Toilette / Jeune femme se poudrant« (London, Courtauld Institute; Farbabb. 107). Noch nicht ganz 32 Jahre alt starb Seurat am 29. März 1891 an Diphterie. Zwei Wochen später starb sein Kind an derselben Krankheit. Dieser für einen Künstler ungewöhnlich ruhige Lebenslauf bildete den Hintergrund, vor dem innerhalb eines Zeitraums von zehn Jahren mehrere Hauptwerke der französischen Malerei entstehen sollten.

Schon in jungen Jahren verließ Seurat das Gymnasium, um 1875 in die Städtische Zeichenschule in der Rue des Petits-Hôtels einzutreten, wo er bei dem Bildhauer Justin Lequien, einem Schüler von Bosio, Unterricht erhielt. Hier lernte er Aman-Jean kennen, dessen Porträt er später zeichnete und im Jahre 1883 als seinen ersten Beitrag zum Salon einsandte; es sollte das einzige Bild Seurats bleiben, das von der Jury angenommen wurde. 1877 machte er in den Ausstellungsräumen der Ecole des Beaux-Arts minutiöse Studien nach Abgüssen antiker Statuen und bereitete sich auf die Aufnahmeprüfung vor. Nach einem Jahr wurde er – ebenso wie Aman-Jean – in der Ecole aufgenommen. Er arbeitete dort in der Klasse eines akademischen Malers, des Ingres-Schülers Henri Lehmann, und studierte nebenbei im Louvre die alten Meister. Seine eigentlichen Lehrmeister sollten jedoch die Künstler werden, mit deren Schaffen er bald darauf 1879 durch die vierte Impressionisten-Ausstellung bekannt wurde. Zwar fehlten in diesem Jahr → Renoir und → Sisley, doch allein schon die Werke von → Degas, → Pissarro, → Gauguin, Lebourg und vor allem → Monet beeindruckten ihn außerordentlich und überzeugten ihn sehr schnell von der Nutzlosigkeit der an der Ecole des Beaux-Arts zu erwartenden Unterweisung. Zusammen mit seinem Freund Aman-Jean verließ er nun die Ecole, und gemeinsam mieteten sie sich ein Atelier in der Rue de l'Arbalète Nr. 32.

Für die künstlerische Entwicklung Seurats war das Zusammentreffen mit der impressionistischen Malerei weniger richtungweisend als die Lektüre einiger ihn faszinierender Schriften: Das war zuerst einmal die 1867 veröffentlichte *Grammatik der Zeichenkunst (Grammaire des Arts du Dessin)*, in der der Verfasser Charles Blanc zu zeigen versucht, wie »die Farbe, die durch feste Gesetze bestimmt wird, wie die Musik gelehrt werden kann«. Vor allem das zwar ältere, aber wissenschaftlichere Buch von Eugène Chevreul über *Die Gesetzmäßigkeit der simultanen Farbkontraste (La Loi du contraste simultané des couleurs*, erschienen 1839) ließ Seurat durch die Erläuterung der Theorie der Komplementärfarben die Entdeckung eines Gebiets machen, von dem er vorausahnte, daß es ihm den Schlüssel für seine künstlerischen Untersuchungen liefern könnte. Jetzt war sein Interesse

105 Auguste Renoir, Das Urteil des Paris. Um 1914. Philadelphia, Sammlung Henry P. McIlhenny

106 Auguste Renoir, Gabrielle mit Rose. 1911. Paris, Musée d'Orsay

107 Georges Seurat, Junge Frau bei der Toilette – Madeleine Knobloch. 1899/90. London, Courtauld Institute

108 Georges Seurat, Spitze der Mole von Honfleur. 1886. Otterlo, Rijksmuseum Kröller-Müller

für alle Abhandlungen über Farbprobleme, wie etwa die Arbeiten von Charles Henry, Maxwell und Helmholtz, geweckt. Er las die *Phänomene des Sehens (Les Phénomènes de la vision)*, eine in der Zeitschrift *L'Art* im Jahre 1880 veröffentlichte Artikelserie von David Sutter, sowie die 1881 gerade erschienene *Wissenschaftliche Farbtheorie (Théorie scientifique des couleurs)* von Ogden N. Rood. Möglicherweise war Roods Arbeit ausschlaggebend für seine Entscheidung, die Farbprobleme erst bei völliger Beherrschung der zeichnerischen Mittel anzugehen, denn Rood schrieb in diesem Zusammenhang: »Für einen Künstler, der die Zeichnung der Gegenstände mit Licht und Schatten nicht von Grund auf meistert, ist die Auseinandersetzung mit der Farbe unbedeutend.« Licht und Schatten sind es denn auch, die das Werk Seurats charakterisieren. Nachdem er in seiner Anfangszeit mit einer an Ingres erinnernden Ausdauer gezeichnet hatte, bemühte er sich, seinen eigenen Stil zu finden. Dieser Technik, die er ab 1881 entwickelte, verdanken wir sein bewundernswertes, aus ungefähr 400 Zeichnungen bestehendes Oeuvre: Unter völligem Verzicht auf die Linie arbeitete der Künstler mit dem Kreidestift auf grobem Ingres-Papier und verstand es, nur mit Hilfe großflächiger Schatten und Halbschatten jeden beliebigen Gegenstand räumlich wiederzugeben – es entstand eine regelrechte Schwarz-Weiß-Malerei. In dieser raffinierten Licht- und Schatten-Technik zeichnete Seurat Porträts – besonders erwähnenswert ist das Bildnis seiner Mutter – und arbeitende Bauern, Zeichnungen, in denen der Einfluß Millets spürbar wird; daneben Landschaften aus der Umgebung von Paris und zahlreiche Vorstudien zu den Tonwerten und der Raumaufteilung in seinen großen Bildern: Spaziergänger an den Ufern der Seine, Modelle im Atelier, Sängerinnen im Konzert-Café, Artisten und andere.

Das erste bedeutende Gemälde Seurats, »Badende in Asnières/Une baignade, Asnières« (London, Tate Gallery; Farbabb. 110), das unter besonderer Berücksichtigung des Bildrhythmus komponiert ist, dessen eher impressionistische Malweise aber noch nicht die strikten Regeln des »Divisionismus« erkennen läßt, wurde 1884 vom Salon abgelehnt. Aus Protest gegen solche, ihrer Meinung nach ungerechtfertigten Urteile der Jury bildete sich noch im gleichen Jahr die »Unabhängige Künstlervereinigung« (»Société des Artistes Indépendants«), auf deren Ausstellungen Seurat von da an regelmäßig vertreten war. Auf dem ersten Salon des Indépendants konnte der Maler nun seine »Badenden in Asnières« der Öffentlichkeit zeigen. Wenig später begann er mit den Studien für ein viel größeres Bild, zu dessen Vorbereitung er 31 Ölskizzen und 23 Zeichnungen anfertigte. Das Gemälde mit dem Titel »Ein Sonntagnachmittag auf der Insel Grande Jatte / Un Dimanche aprèsmidi à l'Ile de la Grande Jatte« (Chicago, Art Institute; Farbabb. 109) wurde im Jahre 1886 fertig und war zusammen mit fünf anderen Werken Seurats auf der achten und letzten Impressionisten-Ausstellung zu sehen. In diesem Bild wurde zum Erstaunen vieler Betrachter das Prinzip der »optischen Mischung« angewandt, ein System, das darin besteht, kleine Pinselstriche oder Punkte direkt nebeneinander zu setzen, deren Farben nicht – wie bisher üblich – auf der Palette gemischt, sondern rein auf die Leinwand aufgetragen wurden, wobei sich die Verbindung der Farben dann erst im menschlichen Auge vollzieht, das Auge also die Farben »mischt«. Im Gegensatz zu der nahezu einstimmigen Ablehnung Seurats von seiten der Kritik und des Publikums nahm der Kunstkritiker Félix → Fénéon, der sein glühendster Verteidiger bleiben sollte, seine Werke von Anfang an mit Begeisterung auf. Er erkannte in der »Grande Jatte« das hieratische Element, das Schriftartige, durch das der Maler bewußt eine künstliche Systematik einführte, die alle seine Personendarstellungen verfremdete. In der Folgezeit versuchte Seurat, durch eine Art grafischer Sprache den Umrißlinien der Bildgegenstände eine Symbolkraft zu geben, die Trauer oder Heiterkeit – was ja nahe beieinander liegen kann – auszudrücken vermag.

Die künstlerische Persönlichkeit Seurats kommt ebenso deutlich in der Zeichnung seiner Kompositionen wie in seinem speziellen Farbauftrag zum Ausdruck. Dennoch ist es mehr das Malerische des »Divisionismus«, das seine Anhänger – zu denen schon sehr früh Pissarro und Signac gehörten – reizte. Von Bild zu Bild wurde die Technik Seurats perfekter, und obwohl er ganz unterschiedliche Themen aufgriff, entstand jedesmal ein Meisterwerk. Im Anschluß an die »Grande Jatte«, einer Art Verherrlichung der sonntäglichen Muße – der Künstler zeigt hier ähnlich wie bei einer Theaterinszenierung etwa 40 Personen, drei Hunde und einen Affen unter den Bäumen am Seine-Ufer –, malte Seurat das »Hafenbecken in Honfleur / Coin de bassin à Honfleur« (Otterlo, Rijksmuseum Kröller-Müller). In diesem 1886 vor dem Motiv entstandenen Werk bilden die Umrisse der Kais, Masten und Takelagen eine einzigartige Verspannung von vertikalen, horizontalen und schrägen Linien. Aus dem Jahre 1887 stammen die drei Studien der »Modelle / Les Poseuses« (Paris, Musée d'Orsay), drei Aktstudien von vorne, rückwärts und der Seite, die auf dem Gemälde »Die Modelle / Les Poseuses« (Merion / Philadelphia, Sammlung Barnes) von 1888 zusammen dargestellt sind. Im gleichen Jahr entstanden die Landschaften aus Port-en-Bessin; in einem dieser Bilder, »Der Außenhafen bei Ebbe / L'Avant-port, marée basse« (Saint-Louis / Missouri, City Art Museum), ist die Mittagsruhe eines strahlenden Sommertags eingefangen. 1888 ist auch die berühmte »Parade / La Parade« (New York, Metropolitan Museum of Art) datiert: In dieser wohldurchdachten Komposition aus ockerfarbenen und violetten Tönen erscheinen Figuren aus einem Wanderzirkus – Musiker, ein Clown und der Direktor – unter einer künstlichen Beleuchtung. Eine weitere Serie von Landschaftsbildern schuf Seurat mit »Le Crotoy, Talrichtung / Le Crotoy, aval« (Athen, Sammlung Stavros Niarchos; Farbabb. 111) von 1889 und dem »Kanal von Gravelines / Le Chenal de Gravelines, petit Fort-Philippe« (Indianapolis/Indiana, The John Herron Art Institute) von 1890; diese beiden Gemälde zählen zu den technisch raffiniertesten des Pointillismus. Ebenfalls im Jahre 1890 wurden zwei Bilder gemalt, in deren Arabesken der Linienführung der Art Nouveau anklingt: »Le Chahut« (Ot-

109 Georges Seurat, Ein Sonntagnachmittag auf der Insel Grande Jatte. 1886. Chicago, Art Institute

110 Georges Seurat, Badende in Asnières. 1883/84. London, Tate Gallery

111 Georges Seurat, Le Crotoy, Talrichtung. 1889. Athen, Sammlung Stavros S. Niarchos

112 Georges Seurat, Der Zirkus. 1890/91. Paris, Musée d'Orsay

terlo, Rijksmuseum Kröller-Müller) und das letzte, unvollendet gebliebene Meisterwerk Seurats, »Der Zirkus / Le Cirque« (Paris, Musée d'Orsay; Farbabb. 112).

Signac, Paul (* 1863 und † 1935 in Paris). Signac war einer der ersten Anhänger des Neo-Impressionismus und zugleich der Theoretiker dieser Stilrichtung. Vielseitig veranlagt, arbeitete er sowohl praktisch, als auch geistig, unter anderem als Journalist, Schriftsteller und Seemann. Als Vorsitzender der »Unabhängigen Künstlervereinigung« (»Société des Artistes Indépendants«) setzte er sich vom Jahre 1908 bis zu seinem Tod großzügig und temperamentvoll für die Interessen der jungen Maler ein.

Signac, der aus einem bürgerlichen Elternhaus stammte – seine Eltern betrieben eine Sattlerei in der ›Passage des Panoramas‹ –, ging in das Collège Rollin zur Schule. Bis zur Monet-Ausstellung 1880, die den entscheidenden Anstoß gab, ließ nichts auf seine zukünftige Künstlerlaufbahn schließen. Doch jetzt stand sein Entschluß fest: Er wollte Freilichtmaler werden. Schon im darauffolgenden Jahr begann er, an den Ufern der Seine zu malen. Seine ersten Bilder waren in ihrem Naturalismus stark von → Monet beeinflußt, dessen Ratschläge er dann einholte und mit dem er später gut befreundet war. Dennoch trat er im Jahre 1883 in das Atelier eines Preisträgers des Prix de Rome, Bin, ein. Dies hinderte ihn allerdings wiederum nicht daran, im ersten Salon des Indépendants 1884 vier impressionistische Landschaftsbilder auszustellen, die in der Umgebung von Paris und in Port-en-Bessin, wo er ab 1882 gewöhnlich die Sommermonate verbrachte, entstanden waren. Sein Zusammentreffen mit → Seurat, den er 1884 in Port-en-Bessin kennenlernte, bedeutete den entscheidenden Wendepunkt seiner künstlerischen Entwicklung. Die Prinzipien des Divisionismus begeisterten ihn so sehr, daß er selbst die treibende Kraft dieser Stilrichtung werden sollte. Auf der letzten Impressionisten-Ausstellung von 1886 zeigte er seine ersten, im gleichen Jahr entstandenen pointillistischen Gemälde, darunter »Die Straße in Pontoise / La Route de Pontoise« (Leeds, City Art Gallery). Signac benutzte von nun an ausnahmslos die divisionistische Maltechnik – selbst für die in seinem Œuvre seltenen Interieur-Szenen wie »Das Frühstück / Le Petit Déjeuner« (1887; Otterlo, Rijksmuseum Kröller-Müller) und »Sonntags in Paris / Le Dimanche parisien« (1888/90; Privatbesitz). Ein häufiges Motiv seiner Werke ist das Meer mit seinen Küsten und Häfen (vgl. Farbabb. 113); hierin drückt sich seine Leidenschaft für die Seefahrt aus. Im Laufe seines Lebens besaß er 32 Schiffe; dazu gehörte auch der »Epileptische Bückling« («Hareng saur épileptique«), das Paddelboot, auf dem er mit Seurat auf der Seine spazierenfuhr. Der Heimathafen seiner Schiffe war Saint-Tropez, wo er sich 1892 das erste Mal aufhielt; dort ließ er sich ein Haus bauen, den »Mastkorb« (»La Hune«), in dem er gern Freunde empfing. Während eines Besuchs bei Signac malte Matisse im Jahre 1904, in dem Jahr, in dem er vorübergehend leicht unter den Einfluß des Neo-Impressionismus geraten war, das für diese Stilrichtung wohl repräsentativste Werk: »Luxus, Stille und Wollust / Luxe, calme et volupté« (Paris, Sammlung Madame Ginette Signac).

Um die Reiserouten Signacs rekonstruieren zu können, mögen einige Bildtitel als Orientierungspunkte dienen, zum Beispiel für die Bretagne »Die Bojen in Saint-Briac / Les Balises, Saint-Briac« (1885; Privatbesitz), »Der Leuchtturm in Portrieux / Le Phare de Portrieux« (1888; Otterlo, Rijksmuseum Kröller-Müller), »Fischerboote in Concarneau / Concarneau, les bateaux de pêche« (1891; New York, Sammlung Robert Lehman). An die Mittelmeerküste erinnern »Der Hafen von Collioure / Le Port de Collioure« (1887; Otterlo, Rijksmuseum Kröller-Müller), »Der Hafen von Saint-Tropez / Le Port de Saint-Tropez« (1892; Wuppertal, Von der Heydt-Museum; Farbabb. 113), »Der Hafen von Marseille / Le Port de Marseille« (1897; Otterlo, Rijksmuseum Kröller-Müller) und »Abend in Antibes / Antibes, le soir« (1914; Straßburg, Musée des Beaux-Arts). Von Signacs Aufenthalten an der Atlantikküste zeugen die zwischen 1911 und 1932 in La Rochelle entstandenen Gemälde. Im Rahmen dieser Aufzählung müssen noch seine Reisen nach Venedig im Jahre 1904, nach Rotterdam 1906, Konstantinopel 1907 und Korsika 1932 erwähnt werden, von denen er ebenfalls eine reiche Ausbeute an Bildern mit nach Hause brachte.

Im Laufe der Zeit entwickelte sich Signacs Malerei in erster Linie zu einer lebhafteren Farbigkeit und – von 1896 an – zu einer größeren Freiheit der Form und der Pinselführung hin. Diese künstlerische Freiheit zeigt sich besonders in seinen zahlreichen, mit schnellen, flüchtigen Pinselstrichen hingeworfenen Aquarellen, die stilistisch an → Jongkind erinnern, über den Signac ein Buch geschrieben hat (das 1927 erschienen ist). Er publizierte außerdem 1899 unter dem Titel *Von Eugène Delacroix bis zum Neo-Impressionismus (D'Eugène Delacroix au Néo-Impressionisme)* ein grundlegendes Werk über Geschichte und Technik der »optischen Mischung« und hinterließ einige äußerst lebendige Seiten eines *Tagebuchs (Journal)*.

Sisley, Alfred (* 1839 in Paris, † 1899 in Moret-sur-Loing). Neben → Monet ist Sisley der bedeutendste Landschaftsmaler unter den Impressionisten, an deren Ausstellungen er allerdings nur viermal, und zwar in den Jahren 1874, 1876, 1877 und 1882 teilgenommen hat. Sein Oeuvre umfaßt vor allem Ansichten der Ile-de-France mit ihren Straßen und Flußläufen und dem weiten Himmel; in der farblichen Feinheit dieser Bilder spiegelt sich die hohe künstlerische Empfindungskraft Sisleys wider.

Sisleys Eltern, die während seiner Jugend in Frankreich lebten, hatten ihren Sohn für eine kaufmännische Laufbahn vorbestimmt und ihn zur Vorbereitung darauf 1857 für vier Jahre nach England geschickt. (Sisley besaß, obwohl er fast sein ganzes Leben in Frankreich verbracht hat, bis zuletzt die britische Staatsbürgerschaft.) Nach seiner Rückkehr nach Paris entschied er sich aber für einen ganz anderen Weg und schrieb sich 1862 an der Ecole des Beaux-Arts für das Atelier des Historienmalers Gleyre ein, von dem Werke wie »Verlorene Illusionen« (Abb. 5), »Herkules und Omphale« stammen. Im → Atelier Gleyre lernte Sisley Monet,

113 Paul Signac, Der Hafen von Saint-Tropez. 1894. Saint-Tropez, Musée de l'Annonciade

114 Paul Signac, Frau, sich frisierend. 1892. Paris, Sammlung Madame Ginette Signac

115 Alfred Sisley, Boot bei Hochwasser. 1876. Paris, Musée d'Orsay

116 Alfred Sisley, Schnee in Louveciennes. 1878. Paris, Musée d'Orsay

→ Renoir und → Bazille kennen. Monet, der nur wenig Lust dazu hatte, sich den Zwängen eines akademischen Unterrichts zu unterwerfen, bewegte seine Freunde schon bald, sich von der Ecole zu lösen. Nach einem Jahr verließen alle vier das Atelier Gleyre und arbeiteten an den Ufern der Seine und in der Umgebung von Fontainebleau: Bei Chailly-en-Bière entstand Monets »Frühstück im Freien / Le Déjeuner sur l'herbe«, eines der bahnbrechenden Werke des Impressionismus; und in Marlotte malten Renoir und Monet im Jahre 1865, beide fuhren auch zusammen mit einem Segelboot die Seine hinab bis nach Le Havre.

1866 wurden zwei Gemälde Sisleys vom Salon angenommen, in der Folgezeit hingegen wurde er jedes zweite Jahr abgelehnt. In seinen Frühwerken macht sich der Einfluß Courbets, Daubignys und manchmal auch – wie in der »Ansicht von Montmartre / Vue de Montmartre« (1869; Grenoble, Musée des Beaux-Arts) – der Corots bemerkbar. In erster Linie war es jedoch der Kontakt mit Monet, der dem Künstler den eigenen Weg zeigen sollte. Im Jahre 1871 verließ Sisley Frankreich für einen längeren Aufenthalt in England. Seine Eltern hatten gerade ihr ganzes Vermögen verloren, und so begannen für ihn finanzielle Schwierigkeiten, mit denen er bis zu seinem Lebensende zu kämpfen hatte. Unbeeinflußt von den ärmlichen Verhältnissen, in denen er sich befand, festigte sich seine künstlerische Persönlichkeit bis 1872 so stark, daß er zu den interessantesten Landschaftsmalern seiner Zeit gezählt werden kann. Sisley hat an vielen Orten gemalt: in Argenteuil, Bougival und Louveciennes (vgl. Farbabb. 116), in England (1874), später in Sèvres oder Veneux-Nadon (1879), dann in Moret-sur-Loing (hier hat er sich 1882 niedergelassen), in Saint-Mammès (1883) und anschließend erneut in Moret, wo er den Rest seines Lebens wohnte – überall hat er der Natur die reizvollsten Farbharmonien abgelauscht und sie mit einer Leichtigkeit in der Pinselführung und einem äußerst nuancierten Farbenreichtum wiedergegeben, die ihn zu dem subtilsten Schilderer stimmungsvoller Frühlings- und Herbstlandschaften werden ließen, in denen die Blau- und Rosatöne der Wolken und des Wassers in einer Art farbigem Wechselspiel zwischen Himmel und Fluß ineinander übergehen.

Im Musée d'Orsay in Paris ist Sisley sehr gut vertreten; hier hängen auch einige seiner schönsten Landschaften, etwa »Der Kanal / Le Canal« (1872), »Die Hauptstraße, vom Weg nach Sèvres aus gesehen / La Route, vue du chemin de Sèvres« (1873) oder die beiden Gemälde aus Port-Marly aus dem Jahre 1876: »Boot bei Hochwasser / La Barque pendant l'inondation« (1877; Farbabb. 115) und »Die Überschwemmung in Port-Marly / L'Inondation à Port-Marly« (1876) sowie »Schnee in Louveciennes / La Neige á Louveciennes« (1878; Farbabb. 116), »Saint-Mammès« (1885), »Der Loing-Kanal / Le Canal du Loing« (1892) und andere. Von 1890 an stellte Sisley regelmäßig im »Salon der nationalen Gesellschaft der Schönen Künste« (»Salon de la Société Nationale des Beaux-Arts«) aus. Seine erste Einzelausstellung hatte er im Jahre 1883 bei → Durand-Ruel; ihr folgten noch zwei weitere, die eine 1893 bei

Boussod-Valadon und die andere 1897 bei Georges Petit. Dennoch hat Sisley bis zu seinem Tod – er starb an Kehlkopfkrebs in seinem Haus in der Rue du Château – keinen wirklichen Erfolg gekannt. Wenngleich die Preise für seine Bilder bald nach seinem Tod stiegen, so dauerte es doch noch um einiges länger, bis der Name des Künstlers Berühmtheit erlangte.

Tanguy, Julien (* 1825, † 1894). Das berühmte Porträt, das Vincent van → Gogh im Jahre 1886 von Père Tanguy« gemalt hat, zeigt vor einem Hintergrund aus japanischen Holzschnitten einen untersetzten Mann mit einem eigensinnigen, fast sturen Gesichtsausdruck, der einen seltsamen bretonischen Hut trägt. Tanguy, der zuerst Gipser und dann Eisenbahner war, übte das Handwerk des Farbenreibens aus, bevor er in der Rue Clauzel Nr. 14 auf dem Montmartre ein kleines Geschäft mit Malereibedarf eröffnete. Aufgrund seiner politischen Aktivität hatte er anfänglich mit seinem Handel Schwierigkeiten; da er sich der Kommune (vgl. die *Einführung* dieses Buches) angeschlossen hatte, wurde er im Lager Satory interniert und vor ein Kriegsgericht gestellt; der Hinrichtung entging er nur durch die Intervention von Rouart und einigen anderen einflußreichen Kunden. Vom Jahre 1873 an begeisterte sich Tanguy für die Impressionisten und erweiterte sein kleines Geschäft durch den äußerst problematischen Handel mit Werken der mit ihm befreundeten Maler. Père Tanguy kaufte Bilder von van Gogh, von denen er kein einziges weiterverkaufen konnte. In schönster Unordnung stapelte er in seinem Lager Gemälde von → Monet, → Sisley, → Paul Cézanne, → Pissarro und später auch → Gauguin. Er besuchte die Maler in ihren Ateliers in Moret und Pontoise und belieferte sie mit Farben; außerdem lief er von einer Ausstellung in die andere. Bei Tanguy entdeckte → Vollard Cézanne, den »Meister von Aix«; in den Jahren von 1877 bis 1893 war sein Laden tatsächlich der einzige Ort in Paris, an dem man Werke von Cézanne sehen konnte.

Nach dem Tod Tanguys im Jahre 1894, bei dem Verkauf seiner Sammlung, zeigte sich die Selbstlosigkeit dieses Mannes. Die Preise der sechs in seinem Besitz befindlichen Gemälde von Cézanne schwankten zwischen 95 und 215 Francs. Tanguy war mehr Menschenfreund als Händler und unterstützte trotz seiner geringen eigenen Mittel großzügig unentwegt die künstlerischen Bemühungen seiner Freunde; viele Maler verdankten es seiner Hilfe, daß sie in finanziell kritischen Situationen ihre Arbeit fortsetzen konnten.

Toulouse-Lautrec, Henri de (* 1864 in Albi, † 1901 auf Schloß Malromé/Gironde). Toulouse-Lautrec ist einer derjenigen Künstler, die aufgrund ihrer Jugend nicht mehr zu den Impressionisten gehörten, obwohl sie in ihrer Anfangsphase stark von deren Stil beeinflußt worden waren. Erst die durch den Impressionismus gewonnene Freiheit in der Farbbehandlung ermöglichte es Toulouse-Lautrec, sein kühnes, weit von der Landschaftsmalerei entferntes Werk zu schaffen, dessen Originalität in einer überwiegend zeichnerischen Ausdrucksform liegt.

Toulouse-Lautrec stammte aus dem Geschlecht der Grafen von Toulouse,

117 Henri de Toulouse-Lautrec, Tanz im Moulin-Rouge. 1890. Philadelphia, Sammlung Henry P. McIlhenny

118 Henri de Toulouse Lautrec, Die Goulue beim Betreten des Moulin-Rouge. 1892. New York, Sammlung David M. Levy

119 Henri de Toulouse-Lautrec, Yvette Guilbert. 1894. Moskau, Puschkin-Museum

120 Henri de Toulouse-Lautrec, Frau bei der Toilette – Weiblicher Rückenakt. 1896. Paris, Musée d'Orsay

in deren Besitz sich ein Teil der Gegend von Albi befand. Sein Vater, der Graf Alphonse de Toulouse-Lautrec Monfa, war mit Adèle Tapié de Celeyran – einer Kusine – verheiratet. Henri verbrachte seine Jugend auf den Landsitzen, die seit altersher seiner Familie gehörten. Nach einer recht kurzen Ausbildung am Gymnasium Fontanes (dem späteren Gymnasium Concordet) in Paris, wo er seinen besten Freund und späteren Biografen Maurice Joyant kennenlernte, unterrichtete ihn seine Mutter weiter. Sehr früh schon zeigte sich sein zeichnerisches Talent: Er war noch nicht ganz 14 Jahre alt, als er schon die Seiten seiner Schulhefte und eines Wörterbuchs mit Zeichnungen vollkritzelte. Seine künstlerische Neigung wurde sowohl durch den Maler John Lewis-Brown, als auch durch den Rat des taubstummen Tiermalers René Princeteau – einem Freund seines Vaters – unterstützt. Bei Princeteaus Anteilnahme spielte wohl auch das Mitgefühl eines kranken Menschen für einen Leidensgenossen eine Rolle: Im Jahre 1878 war der junge Toulouse-Lautrec so unglücklich gestürzt, daß er sich den linken Oberschenkelknochen brach, und ein Jahr später war ihm dasselbe Mißgeschick mit dem rechten Bein passiert. Durch diese Unfälle war er für den Rest seines Lebens gezeichnet; seine Gestalt mit den kurzen, schwächlichen Beinen ist zu einer berühmten Figur geworden. Er selbst fand sich mit seinem Schicksal ab; ja, er gefiel sich sogar darin, sein karikaturhaftes Aussehen noch durch einen Bart zu unterstreichen. Möglicherweise ist es eine Art Antwort auf sein Schicksal, daß er die Energie aufbrachte, ein so überragendes Werk zu schaffen, denn schon kurz nach seinem zweiten Sturz erfuhr seine künstlerische Arbeit einen entscheidenden Impuls. Seine Liebe zu Pferden – die er jetzt nicht mehr reiten konnte – drückte er nun in kraftvollen Zeichnungen von Pferdegespannen und Reitern aus sowie in einem Gemälde aus dem Jahre 1879 mit dem Titel »Ein Soldat sattelt sein Pferd / Artilleur sellant son cheval« (Albi, Toulouse-Lautrec-Museum). Diese Vorliebe hegte er sein ganzes Leben lang; sie war der Grund für seine zahlreichen Bilder, auf denen er Jockeis oder die Kunstreiterinnen im Zirkus Fernando darstellte (vgl. Farbabb. 127, Abb. 125).

Mit 18 Jahren war Toulouse-Lautrec schon ein exzellenter Zeichner mit scharfer Beobachtungsgabe und sicherem Strich. Trotzdem erklärte ihm Léon Bonnat, in dessen Atelier er 1882 eintrat, daß »seine Art zu zeichnen abscheulich« sei. Von Bonnat wechselte er in das Atelier Cormon über; hier arbeitete er mit Unterbrechungen bis 1887 und lernte während dieser Zeit Vincent van → Gogh und Emile Bernard kennen. Sein eigenes Atelier richtete er sich in der Rue Caulaincourt, an der Ecke der Rue Tourlaque ein, ganz in der Nähe der von den Künstlern oft besuchten Grafikhandlung Goupil. Der Aristokrat Toulouse-Lautrec bevorzugte die Gegend des Montmartre, dessen Feste, Konzert-Cafés und Vergnügungsetablissements er in seinen Bildern einfing. Auffallend an seinem Oeuvre ist das Nebeneinander von Zeichnungen mit Tänzerinnen des Moulin-Rouge, Kabarett-Sängerinnen oder Prostituierten und dem Porträt seiner Mutter, der »Gräfin Alphonse de Toulouse-Lautrec im Salon des Schlosses Malromé / La Comtesse Alphonse de Toulouse-Lautrec dans le salon du château de Malromé« (1887; Albi, Toulouse-Lautrec-Museum).

Im Kabarett »Le Mirliton«, dessen Wände Toulouse-Lautrec mit Bildern ausgestattet hat, in deren Mittelpunkt die Goulue stand (vgl. Farbabb. 118, Abb. 124), sang damals Aristide Bruant (Farbabb. 123); zu dessen Chansons schuf der Maler Illustrationen, bei denen er erstmals die Technik der Lithografie anwandte, wie zum Beispiel das Blatt »In Saint-Lazare / A Saint-Lazare« (1886). Allmählich suchte der Künstler seine Motive nicht mehr nur im Nachtleben des Montmartre, sondern auch in den Pariser Theatern, im Zirkus und auf den Pferde- und Radrennbahnen. Die Welt der Schauspiele und der Vergnügungen im letzten Jahrzehnt des 19. Jahrhunderts hat in Toulouse-Lautrec ihren kritischsten Beobachter und ihren besten Chronisten gefunden. Sein Oeuvre – kostbares Dokument der Zeitgeschichte jener Epoche – ist häufig von einem ironischen, manchmal sogar grausamen Realismus bestimmt, der jedoch dank der strengen, genauen Zeichnung nie in einen übersteigerten Expressionismus verfiel.

Die zahlreichen von Toulouse-Lautrec geschaffenen Porträts geben – unabhängig davon, ob sie gemalt, gezeichnet oder lithografiert sind – regelrecht eine psychologische Studie der dargestellten Personen, auch dann, wenn sie nur mit flüchtigen, aber kraftvollen Strichen hingeworfen sind. So sind uns die Charaktere seiner Modelle, von denen viele durch seine Bilder heute noch berühmt sind, genau überliefert: Dazu gehören unter anderem die Goulue, Yvette Guilbert (Farbabb. 119, 126), Jane Avril, May Milton, Jeanne Hading, Berthe Bady, Eve Lavallière, Marcelle Lender und Caudieux. Sie sind oft auch – überraschend komprimiert in der Darstellung – auf den lithografierten Plakaten wiedergegeben (Farbabb. 121, 123), die, was die Raumaufteilung und den großflächigen Farbauftrag angeht, von der japanischen Holzschnittkunst beeinflußt sind. Unter den ungefähr 30 Plakaten, die Toulouse-Lautrec in den Jahren von 1891 bis 1900 gezeichnet hat und die einen nachhaltigen Einfluß auf die Entwicklung der Grafik ausgeübt haben, befinden sich einige seiner Hauptwerke: zum Beispiel »Das Moulin-Rouge / Le Moulin-Rouge« mit der Goulue und dem Schlangenmenschen Valentin, »Der japanische Diwan / Le Divan japonais«, »Das Eldorado / L'Eldorado« mit einer Darstellung von Aristide Bruant, »La Revue Blanche« mit dem Bildnis von Missia Natanson oder »Die Truppe der Mademoiselle Eglantine / La Troupe de Mademoiselle Eglantine«, ein Blatt, in dem sich in den Arabesken schon des Art Nouveau ankündigt.

Toulouse-Lautrec hat nur wenige Pastelle oder Aquarelle gemalt, dennoch gibt es von ihm ein schönes Pastellporträt, das Vincent van Gogh darstellt (1887; Amsterdam, van Gogh-Museum); übrigens zeigen einige seiner Bilder eine Malweise mit länglichen Pinselstrichen, die er wohl von dem holländischen Künstler übernommen hat. Als Aquarell hat Toulouse-Lautrec dann das »Porträt Oscar Wildes« (1895; New York, Privatbesitz) ausgeführt. Seine Vorliebe allerdings galt der Malerei mit dünnflüssigen, mit Terpentin vermischten Farben auf Pappe – eine Technik, die

121 Henri de Toulouse-Lautrec,
Jane Avril. 1898. Plakat

122 Henri de Toulouse-Lautrec, Die Engländerin vom Konzert-Café Star in Le Havre. 1899. Albi, Toulouse-Lautrec-Museum

123 Henri de Toulouse-Lautrec, Aristide Bruant. 1893. Plakat

es ihm erlaubte, sozusagen gleichzeitig zu zeichnen und zu malen, bei der jeder Pinselstrich auf dem nur teilweise mit Farbe bedeckten Grund sichtbar blieb. Dieses Verfahren belegen Werke wie »Die Frau mit der schwarzen Boa / La Femme au boa noir« (1892), »Jane Avril beim Tanzen / Jane Avril dansant« (um 1892) und »Die Clownesse Cha-U-Kao / La Clownesse Cha-U-Kao« (1895; Farbabb. 128), die sich heute alle drei im Musée d'Orsay in Paris befinden. Seine großen Kompositionen jedoch, wie »Im Moulin-Rouge / Au Moulin-Rouge« (1892; Chicago, Art Institute), »Im Salon der Rue des Moulins / Au Salon de la rue des Moulins« (1894; Albi, Toulouse-Lautrec-Museum) und das »Porträt des Doktor Gabriel Tapié de Celeyran« (1894; Albi, Toulouse-Lautrec-Museum), sind Ölgemälde.

Um 1898 verschlechterte sich der Gesundheitszustand Toulouse-Lautrecs aufgrund seines unmäßigen Alkoholkonsums rapide. 1899 mußte er sich in der Klinik des Dr. Sémelaigne in Neuilly einer Entziehungskur unterziehen. Dort zeichnete er mit Farbstiften aus dem Gedächtnis eine Folge von 39 Zirkusdarstellungen, von denen ein Teil 1905, vier Jahre nach seinem Tod, als Sammelband veröffentlicht wurde.

Eine große Anzahl von Toulouse-Lautrecs Werken ist in Paris im Musée d'Orsay ausgestellt, das viele Werke der Impressionisten beherbergt. Dort kann man nicht nur die obengenannten Gemälde sehen, sondern etwa auch »Die Frau mit den Handschuhen / La Femme au gants« (1889/90), »Frau bei der Toilette – Weiblicher Rückenakt / La Toilette« (1896; Farbabb. 120), »Sich frisierende Frau / Femme se coiffant« (um 1896) und die beiden 1895 gemalten Dekorationen für die Bude der Goulue auf dem Jahrmarkt in Le Trône; Luise Weber – so ihr bürgerlicher Name –, die 1928 in äußerster Armut starb, tanzte in dieser Baracke, nachdem ihre Glanzzeit im Moulin-Rouge vorbei war. Die Goulue selbst ist auf beiden Bildern dargestellt: Auf dem einen taucht sie in einem in Rosa und Grün gehaltenen Kostüm an der Seite des Schlangenmenschen Valentin (»Valentin le Désossé«) auf; das andere zeigt sie beim sogenannten »Danse des Almées« vor einer Gruppe von Zuschauern, unter denen man Félix → Fénéon erkennen kann (vgl. Farbabb. 40). Auch in Museen außerhalb Frankreichs befinden sich berühmte Gemälde von Toulouse-Lautrec: Das Art Institute in Chicago etwa besitzt sieben Werke dieses Künstlers, darunter das »Porträt der Madame Lili Grenier« (1885–1888), »Im Zirkus Fernando – Die Kunstreiterin / Au Cirque Fernando – L'Ecuyère« (1888; Farbabb. 127), »Moulin de la Galette« (1889), »Im Moulin-Rouge« (1892) und »May Milton« (1895); der National Gallery in Washington gehören »Die Quadrille im Moulin-Rouge / La Quadrille au Moulin-Rouge« (1892) und das »Porträt von Alfred la Guigne« (1894); im Kunsthaus in Zürich ist das Werk »In der Bar / Au Bar« (1898) und im Museum für moderne Kunst in Prag »Tanzende Frauen im Moulin-Rouge / Femmes dansant au Moulin-Rouge« (1892) ausgestellt. Die bedeutendste Sammlung seiner Werke jedoch, die zum Großteil von seiner Mutter gestiftet wurden, befindet sich im seit 1922 im Palais de la

124 Henri de Toulouse-Lautrec, Die Goulue und der Schlangenmensch Valentin. 1894. Lithografie

125 Henri de Toulouse-Lautrec, Im Zirkus – Am schwebenden Trapez. 1899. Bleistiftzeichnung

126 Henri de Toulouse-Lautrec, Yvette Guilbert, ihr Publikum begrüßend. 1894. Albi, Toulouse-Lautrec-Museum

127 Henri de Toulouse-Lautrec, Im Zirkus Fernando – Die Kunstreiterin. 1888. Chicago, Art Institute

128 Henri de Toulouse-Lautrec, Die Clownesse Cha-U-Kao. 1895. Paris, Musée d'Orsay

Berbie – nicht weit von seinem Geburtsort, dem Hôtel du Bosc, entfernt – untergebrachten Toulouse-Lautrec-Museum in Albi: über 200 Gemälde, darunter zahlreiche Frühwerke, ungefähr 150 Zeichnungen und etwa 100 Lithografien. Diese Sammlung enthält einige sehr interessante Studienblätter, etwa das auf Pappkarton gemalte »Porträt des Herrn Warrener« (1892), dessen Gestalt mit dem hohen Zylinder auf der Farblithografie mit dem Titel »Der Engländer im Moulin-Rouge / L'Anglais au Moulin-Rouge« wiederkehrt; die Vorstudie zu dem »Porträt des Herrn Delaporte« (1893) wird – ebenso wie das »Porträt Suzanne Valadons« (1885) – in der Ny Carlsberg Glyptothek in Kopenhagen aufbewahrt; außerdem besitzt das Museum in Albi auch die beste Zeichnung, die Toulouse-Lautrec jemals von Yvette Guilbert gemacht hat: Die im Jahre 1894 entstandene kolorierte Kohlezeichnung, die die Sängerin mit langen schwarzen Handschuhen und aggressivem Gesichtsausdruck zeigt (Farbabb. 126), war als Vorlage für ein Plakat entstanden, zu dessen Ausführung die Künstlerin allerdings ihre Zustimmung verweigerte.

Vollard, Ambroise (* 1865, † 1939). Ambroise Vollard war noch sehr jung, als er von der Insel La Réunion, seiner Heimat, nach Paris kam, wo er schon im Jahre 1893 eine Kunsthandlung in der Rue Laffitte eröffnete. Sehr bald wandte er sich von den damals anerkannten Malern ab; so organisierte er etwa die erste große Cézanne-Ausstellung, auf der 150 Gemälde des Künstlers gezeigt wurden. Das Ereignis wurde zum Skandal, das Publikum strömte in Scharen herbei. Mitglieder der Ecole des Beaux-Arts, die zu der Ausstellung gekommen waren – wie Gérôme, Ferrier und andere – erhoben heftigen Protest. Vollard mußte die Bilder, die bei den Passanten Gelächter auslösten oder Feindseligkeiten hervorriefen, aus dem Schaufenster nehmen; aber er hatte trotzdem Grund zur Freude, denn einige echte Kunstliebhaber wurden auf ihn aufmerksam: Auguste Pellerin, der Graf von Camondo und der serbische Exkönig Milan. Seine Galerie wurde jetzt zum bedeutendsten Zentrum des Pariser Kunstlebens. Eine Zeichnung Bonnards von 1895 zeigt Vollard inmitten des bekannten Durcheinanders seines Geschäfts, umgeben von Rodin, → Pissarro, → Renoir, → Degas und Bonnard selbst. Alle seine Malerfreunde porträtierten ihn: → Cézanne, Renoir (Abb. 129), Bonnard und Picasso.

Vollards Hauptinteresse galt Cézannes Werk. Daneben beschäftigte er sich jedoch auch mit anderen Künstlern, wie zum Beispiel den Nabis; außerdem war er vom März des Jahres 1900 an der bevorzugte Händler → Gauguins, da er diesem eine monatliche Zahlung als Gegenwert für seine in Kommission gegebenen Bilder zusicherte. Darüber hinaus erlebte die Galerie Vollard 1901 die erste Picasso-Ausstellung, und 1904 wurden hier erstmals Gemälde von Matisse gezeigt. Schließlich dokumentierte Vollard durch den Ankauf der vollständigen Ateliers von Derain (im Jahre 1905) und Vlaminck (1906) seine Begeisterung für den Fauvismus.

Sehr früh schon beschäftigte sich Ambroise Vollard gern mit illustrierten Büchern. Von 1900 an bis zu sei-

129 Auguste Renoir. Der Kunsthändler Ambroise Vollard als Stierkämpfer. 1917. Privatbesitz

nem Tod erschienen in seinem Verlag etwa 30 Werke, die heute zu den gesuchtesten bibliophilen Kostbarkeiten gehören. Erwähnt seien hier nur Verlaines *Nebeneinander (Parallèlement,* 1900) mit Lithografien von Bonnard, *König Ubu (Ubu-Roi,* 1918) von Jarry mit Illustrationen von Rouault und *Das Haus Tellier (La Maison Tellier,* 1933) von Maupassant mit sonst unveröffentlichten Monotypien von Degas. 1937 publizierte Vollard noch seine berühmten *Erinnerungen eines Kunsthändlers (Souvenirs d'un marchand de tableaux),* eine wichtige Quelle für das Studium der Kunstgeschichte jener Epoche.

Zola, Emile (* 1840 und † 1902 in Paris). Am Gymnasium in Aix schloß Zola im Jahre 1857 Freundschaft mit → Cézanne, der sich später bei seiner Übersiedlung nach Paris 1861 in der Rue des Feuillantines in der Nähe des Freundes ein möbliertes Zimmer mietete. Im → Café Guerbois, in dem Zola von 1866 an Stammgast war, lernte er neben aufgeschlossenen Kritikern auch die späteren Impressionisten kennen. In einer Artikelserie, die er unter dem Pseudonym »Claude« für die Zeitschrift *L'Evénement* über den gerade eröffneten Salon geschrieben hat, kritisierte er heftig die Jury, die die eingereichten Bilder seiner Freunde – darunter auch den »Pfeifer / Le Fifre« von → Manet – abgelehnt hatte. Die in einem sehr scharfen Ton abgefaßten Beiträge klingen wie eine Kampfansage an alle Konformismen und gleichzeitig wie ein Fanal. Zola schrieb darin: »Ich gebe zu, die Malerei Manets zu bewundern, denn ich mache mir nichts aus den gekünstelten Bildern Cabanels, sondern ziehe den herben, frischen Duft der Natur

130 Edouard Manet, Porträt Emile Zolas. 1868. Paris, Musée d'Orsay (Foto: Giraudon)

vor . . . Ich bezeuge heute meine Sympathie für einen Künstler, der aufgrund seiner Zugehörigkeit zu einer bestimmten Gruppe vom Salon vor die Tür gesetzt wurde . . . und den man nicht für wert erachtet hat, neben 1500 bis 2000 unfähigen Malern, die ihrerseits mit offenen Armen aufgenommen worden waren, ausstellen zu dürfen . . . Manet ist ebenso wie Courbet ein Platz im Louvre sicher . . .« Die Zeitungsleser empörten sich über diese Bemerkungen, und Zola wurde entlassen. Er gab sich allerdings keineswegs geschlagen, sondern veröffentlichte im folgenden Jahr in der *Revue du XIXe siècle* eine kritische biografische Abhandlung über Manet unter dem Titel *Eine neue Richtung in der Malerei: Edouard Manet (Une nouvelle manière en peinture: Edouard Manet)*. Die weitere Entwicklung gab seiner Begeisterung bald recht: Ungeachtet der Proteste des Publikums und der sarkastischen Stellungnahmen in der Presse wurde im Jahre 1868 das berühmte, von Manet gemalte Porträt Zolas vom Salon angenommen (Abb. 130). Im *Evénement illustré* setzte Zola nun mit einer zweiten Artikelserie über → Pissarro, → Monet und → Renoir seine Kampagne zugunsten der Impressionisten fort. Die technischen und künstlerischen Probleme der Impressionisten interessierten ihn nur am Rande; dennoch trugen seine in bezug auf die neue Stilrichtung gemachten wohlwollenden Äußerungen durch die wachsende Autorität seines Namens und ihren bissigen Stil viel zum Ansehen der Gruppe bei. Schon in demselben Jahr allerdings – also 1868 – befiel ihn Unruhe, Zweifel, ob die von ihm protegierte Malerei Zukunft haben würde. Diese Zweifel verstärkten sich derart, daß sie zu Ablehnung wurden und er 1880 in *Le Voltaire* die Dogmen des Impressionismus angriff und Monet vorwarf, »seit zehn Jahren ins Leere zu greifen« und ebenso wie Renoir »ein Renegat« zu sein. Die Künstler antworteten auf diese Anschuldigungen mit einer Protestversammlung, an der unter anderem Pissarro, → Duret, Burty, George Moore, Mallarmé und Monet teilnahmen. Mit der Herausgabe seines Romans *Das Werk (L'Oeuvre)* dokumentierte Zola noch einmal seine Abneigung gegen die impressionistischen Maler – in der Person des Claude Lantier, eines gescheiterten Malers, zeichnetet er ein Bild seines einstigen Mitschülers und Freundes Paul Cézanne.

Die Gründe für Zolas Verhalten lassen sich relativ leicht erklären. Seine begeisterte Anteilnahme an der Entwicklung des Impressionismus war letztlich nichts anderes als die Verteidigung seiner eigenen naturalistischen Theorien. Eigentlich waren es nur die frühen, noch stark von Courbet inspirierten Werke Monets, Renoirs oder Pissarros, die ihm wirklich gefallen hatten. Über dieser Engstirnigkeit Zolas darf aber nicht vergessen werden, daß sein äußerst mutiges und erfolgreiches Auftreten in den Jahren zwischen 1866 und 1868 stark dazu beigetragen hat, zumindest dem Werk Manets Anerkennung zu verschaffen.

Literaturhinweise

Balzer, Wolfgang Der Französische Impressionismus. Dresden 1958

Blunden, Maria und Godfrey Der Impressionismus in Wort und Bild. Stuttgart 1979

Cézanne, Paul Briefe. Zürich – Leipzig 1939

Courthion, Pierre Malerei des Impressionismus. Köln 1976

Duret, Théodore Histoire des Peintres impressionistes. Paris 1906. Deutsche Ausgabe: Die Impressionisten. Berlin 1909

Garb, Tamar Die Frauen des Impressionismus. Stuttgart 1987

Gogh, Vincent van Briefe. 2 Bände. Berlin 1959

Grünigen, B. von Vom Impressionismus zum Tachismus. Malerei, Lithographie, Photographie, angewandte Graphik. Basel – Stuttgart 1964

Hahnloser, Hans R. Vom Impressionismus zu den »Nabis« und »Fauves«. Kempen 1964

Kelder, Diane Die großen Impressionisten, München [2]1985

Keller, Horst Aquarelle und Zeichnungen der französischen Impressionisten. Köln 1980.

Keller, Horst Die Kunst der französischen Impressionisten. Freiburg/Br. 1986

Mathey, François Die Impressionisten. München – Zürich 1960

Meier-Graefe, Julius Manet und sein Kreis. Berlin 1902
Meier-Graefe, Julius Impressionisten. München – Leipzig 1907
Meier-Graefe, Julius Entwicklungsgeschichte der modernen Kunst. Erste Fassung: Stuttgart 1904; zweite Fassung: München 1914 (Band I/II), 1924 (Band III)
Monneret, Sophie L'Impressionisme et son époque, 4 Bde. Paris 1978–1981
Moore, George Confessions of a Young Man. London 1888
Moore, George Modern Painting. London 1893
Novotny, Fritz Die großen französischen Impressionisten. Ihre Vorläufer und ihre Nachfolge. Wien 1952
Pissarro, Camille Briefe an seinen Sohn Lucien. Hrsg. von John Rewald unter Mitwirkung von Lucien Pissarro. Erlenbach – Zürich 1953
Pissarro, Camille Briefe. Berlin 1963
Platte, Hans Zauber der Farbe. Der französische Impressionismus. Stuttgart 1962
Reidemeister, Leopold Auf den Spuren der Maler der Ile de France. Topographische Beiträge zur Geschichte der französischen Landschaftsmalerei von Corot bis zu den Fauves. Berlin 1963
Rewald, John The History of Impressionism. New York 1946. Erweiterte deutsche Ausgabe: Die Geschichte des Impressionismus. Schicksal und Werk der Maler einer großen Epoche der Kunst. Köln 1965; gekürzte Neuausgabe: Köln 1979
Rewald, John Post-Impressionism. From Van Gogh to Gauguin, New York 1956. Überarbeitete deutsche Ausgabe: Von van Gogh bis Gauguin. Die Geschichte des Nachimpressionismus. Köln 1987
Roberts, Keith Painters of Light. The World of Impressionism. Oxford 1978
Uhde, Wilhelm Die Impressionisten. Wien 1937
Vollard, Ambroise Souvenirs d'un marchand de tableaux. Paris 1937. Nachdruck: Paris 1959
Zahn, Leopold Französische Impressionisten. London 1952

Museumspublikationen

Leymarie, Jean Manet et les Impressionistes au Musée du Louvre. Paris 1948
Bazin, Germain Trésors de l'Impressionisme au Musée du Louvre. Paris 1958
Catalogue des Peintures, Pastels, Sculptures impressionistes. Musée National du Louvre. Paris 1959
Burollet, Thérèse/Mathey, François Le Musée de l'Impressionisme. Paris 1965
Lacambre, Geneviève u. a. Musée d'Orsay – Meisterwerke des Impressionismus und Post-Impressionismus, Stuttgart 1987
Rosenblum, Robert Die Gemäldesammlung des Musée d'Orsay. Köln 1989

Ausstellungskataloge seit 1950

Impressionistes et Romantiques Français dans les Musées Allemands. Paris 1951
Masterpieces of Impressionist and Post-Impressionist Painting. Washington 1959
Autour de l'Impressionisme. Basel 1966
Vom Impressionsmus zum Bauhaus. Meisterwerke aus deutschem Privatbesitz. Hamburg 1966
Französische Impressionisten. Hommage à Durand-Ruel. Hamburg 1970-1971
Impressionist and post-impressionist paintings from the U.S.S.R. Wanderausstellung 1973
Centenaire de l'Impressionisme. Paris 1974

Die sogenannten Impressionisten-Ausstellungen

Erste Ausstellung
15. April–15. Mai 1874: Paris, 35 Boulevard des Capucines, Atelier des Fotografen Nadar
30 Künstler nahmen teil:
Astruc, Attendu, Béliard, Boudin, Bracquemond, Brandon, Bureau, Cals, Cézanne, Colin, Debras, Degas, Guillaumin, Latouche, Lepic, Lépine, Levert, Meyer, de Molins, Monet, Berthe Morisot, Mulot-Durivage, de Nittis, A. Ottin, L.-A. Ottin, Pissarro, Renoir, Robert, Rouart, Sisley.

Zweite Ausstellung
April 1876: Paris, 11 Rue Le Peletier, Galerie Durand-Ruel
20 Künstler nahmen teil:
Bazille (1870 gefallen, jedoch Mitglied der Gruppe), Béliard, Beneau, Cals, Caillebotte, Degas, Desboutin, François, Legros, Levert, Lépine, J.-F. Millet, Monet, Berthe Morisot, L.-A. Ottin, Pissarro, Renoir, Rouart, Sisley, Tillot.

Dritte Ausstellung
April 1877: Paris, 6 Rue Le Peletier
18 Künstler nahmen teil:
Caillebotte, Cals, Cézanne, Cordey, Degas, François, Guillaumin, Lamy, Lépine, Maureau, Monet, Berthe Morisot, Piette, Pissarro, Renoir, Rouart, Sisley, Tillot.

Vierte Ausstellung
10. April–11. Mai 1879: Paris, 28 Avenue de l'Opéra
16 Künstler nahmen teil:
Bracquemond, Mme Bracquemond, Caillebotte, Cals, Mary Cassatt, Degas, Forain, Gauguin, Lebourg, Monet, Piette, Pissarro, Rouart, Somm, Tillot, Zandomeneghi.

Fünfte Ausstellung
1.–30. April 1880: Paris, 10 Rue des Pyramides
18 Künstler nahmen teil:
Bracquemond, Mme Bracquemond, Caillebotte, Mary Cassatt, Degas, Forain, Gauguin, Guillaumin, Lebourg, Lépine, Berthe Morisot, Pissarro, Raffaëlli, Rouart, Tillot, Vidal, Vignon, Zandomeneghi.

Sechste Ausstellung
2. April–1. Mai 1881: Paris, 35 Boulevard des Capucines, Nebenräume des Ateliers Nadar
13 Künstler nahmen teil:
Mary Cassatt, Degas, Forain, Gauguin, Guillaumin, Berthe Morisot, Pissarro, Raffaëlli, Rouart, Tillot, Vidal, Vignon, Zandomeneghi.

Siebte Ausstellung
März 1882: Paris, 251 Rue St Honoré, Galerie Durand-Ruel
9 Künstler nahmen teil:
Caillebotte, Gauguin, Guillaumin, Monet, Berthe Morisot, Pissarro, Renoir, Sisley, Vignon.

Achte Ausstellung
15. Mai–15. Juni 1886: Paris, 1 Rue Laffite, Galerie Vollard
17 Künstler nahmen teil:
Mme Bracquemond, Mary Cassatt, Degas, Forain, Gauguin, Guillaumin, Berthe Morisot, Camille Pissarro, Lucien Pissarro, Redon, Rouart, Schuffenecker, Seurat, Signac, Tillot, Vignon, Zandomeneghi.

131 Auguste Renoir, Selbstporträt. Um 1876. Cambridge/USA, Fogg Art Museum

132 Auguste Renoir, Porträt Claude Monets. 1875. Paris, Musée d'Orsay

133 Edgar Degas, Selbstporträt. 1854/55. Paris, Musée d'Orsay (Foto: Roger-Viollet)

134 Paul Cézanne, Selbstporträt mit Palette. 1885-1887. Zürich, Sammlung E. Bührle

135 Vincent van Gogh, Selbstporträt mit Palette und Staffelei. Januar 1888. Amsterdam, National Museum Vincent van Gogh (Foto: Bulioz)

136 Paul Gauguin, Selbstporträt mit dem gelben Christus. 1890. Privatbesitz

Verzeichnis der Namen

Fett gedruckte Seitenzahlen verweisen auf den ausführlichen Lexikon-Artikel, *kursive* Seitenzahlen bezeichnen die Abbbildungsseiten.

Zeittafel

1855 Weltausstellung in Paris. Ingres, Delacroix, Théodore Rousseau sind vertreten, Courbet stellt in einem eigenen »Pavillon du Réalisme« aus.
Manet ist Schüler an der Ecole des Beaux-Arts; Degas gibt sein Jura-Studium auf und tritt in die Ecole des Beaux-Arts ein; Pissarro kommt von der Jungfern-Insel Saint-Thomas nach Paris, arbeitet an der Ecole des Beaux-Arts, später an der Académie Suisse; Cézanne geht in Aix zur Schule, schließt Freundschaft mit seinem Mitschüler Emile Zola; Gauguin kehrt aus Peru zurück, wohnt in Orléans.
Duranty plant die Zeitschrift *Le Réalisme*, die 1856–1857 erscheint.

1856–1857 Manet reist nach Holland, Deutschland, Italien und kopiert alte Meister; Degas malt in Florenz, Rom und Neapel; Renoir ist Lehrling bei einem Porzellanmaler und besucht Abendkurse für Zeichnen; Morisot nimmt Malstunden bei Chocarne und Guichard; Cézanne nimmt an Zeichenkursen in Aix teil.
Oscar Wilde wird geboren, Heinrich Heine stirbt.
Baudelaire veröffentlicht *Die Blumen des Bösen.*
Erste Weltwirtschaftskrise.
Frieden von Paris beendet den Krim-Krieg.

1858–1859 Degas malt »Die Familie Bellelli«; Pissarro trifft an der Académie Suisse Monet und Guillaumin; Cézanne studiert Jura; Renoir gibt die Porzellanmalerei auf und beschließt, Maler zu werden; Sisley, der von seinen Eltern nach England geschickt worden war, um eine Ausbildung zum Kaufmann zu erhalten, studiert hier Constable und Turner.
Lovis Corinth wird geboren (1858).
Darwins *Über die Entstehung der Arten durch natürliche Zuchtwahl* erscheint (1859).

1860 Große Ausstellung von Werken Delacroix', Millets und anderen in Paris.
James Ensor wird geboren, Arthur Schopenhauer stirbt.
Abraham Lincoln wird Präsident der USA.
Englisch-Französischer Handelsvertrag.
Krupp konstruiert Geschütze aus Gußstahl.

1861 Manet trifft Baudelaire und Duranty; Pissarro und Cézanne, der auf Drängen Zolas nach Paris gekommen ist und sein Rechtsstudium aufgegeben hat, um Maler zu werden, lernen sich an der Académie Suisse kennen; Monet ist Soldat in Algier.
Aristide Maillol wird geboren.
Beginn des Sezessionskriegs in den USA.
Aufhebung der Leibeigenschaft in Rußland.

1862 Manet trifft Degas, der Pferderennen in Longchamps malt; Cézanne kehrt nach einem Aufenthalt in Aix nach Paris zurück; Monet tritt nach seiner Entlassung

aus der Armee in das Atelier Gleyre ein, wo er Renoir, Sisley und Bazille kennenlernt, freundet sich mit Jongkind an.
Victor Hugo veröffentlicht *Les Misérables.*
Maeterlinck, Gerhart Hauptmann, Debussy und Klimt werden geboren.
Alfred Nobel erfindet das Dynamit.

1863 Monet, Sisley, Renoir und Bazille verlassen das Atelier Gleyre; Manet malt »Olympia« und »Das Frühstück im Grünen«.
Die vom offiziellen Salon abgelehnten Maler veranstalten eine Sonderausstellung im Salon des Refusés mit Werken von Manet, Pissarro, Cézanne, Jongkind und anderen.
Delacroix stirbt, Paul Signac und Edvard Munch werden geboren.

1864 Das Atelier Gleyre wird geschlossen; Monet, Renoir, Cézanne, Sisley und Bazille arbeiten in Chailly als eigene Gruppe.
Toulouse-Lautrec und Richard Strauss werden geboren.
Genfer Konvention (Rotes Kreuz).
Marx gründet in London die Internationale Arbeiter-Assoziation (»Erste Internationale«).

1865 Monet malt im Wald von Fontainebleau »Das Frühstück im Freien«; Renoir und Sisley fahren in einem Boot die Seine hinunter; Gauguin verläßt das Gymnasium und wird Schiffsjunge bei der Handelsmarine; Manet stellt die »Olympia« im Salon aus und entfacht einen Skandal.
Proudhon stirbt, seine nachgelassenen Werke *Principe de l'art* werden veröffentlicht; Tolstoi schreibt *Krieg und Frieden;* Wagner komponiert *Tristan und Isolde.*
Präsident Lincoln wird ermordet.

1866 Monet malt »Frauen im Garten«; Mary Cassatt kommt nach Paris. Zola schreibt *Mon Salon,* den er Cézanne widmet; Dostojewski veröffentlicht *Schuld und Sühne.*

1867 Weltausstellung in Paris, auf der fernöstliche Kunst gezeigt wird; Manet und Courbet haben besonderen, selbst gebauten Pavillon.
Manet malt »Erschießung Kaiser Maximilians«.
Pierre Bonnard, Emil Nolde, Käthe Kollwitz werden geboren, Baudelaire, Ingres, Théodore Rousseau sterben.
Das Kapital (Band 1) von Karl Marx erscheint.
Zola schreibt über Manet.
Eröffnung des Suez-Kanals.

1868 Manet reist nach England, lernt Berthe Morisot kennen, schreibt neben Zola für die *Tribune;* Monet unternimmt einen Selbstmordversuch, findet Unterstützung.
Vuillard, Slevogt, Maxim Gorki werden geboren.

1869 Manet und seine Freunde treffen sich im Café Guerbois; Gründung der »Anonymen Gesellschaft der Kunstmaler, Bildhauer, Grafiker etc.«; Manet stellt »Das Frühstück im Grünen« aus und verursacht damit erneut einen Skandal.
Henri Matisse und André Gide werden geboren.
Erste Internationale Kunstausstellung in München.

1870 Deutsch-Französischer Krieg (Kriegserklärung am 18. Juli), Proklamation der 3. Französischen Republik am 4. September.
Durch den Krieg werden die befreundeten Maler getrennt: Manet wird Offizier beim Stab der Nationalgarde; Degas meldet sich bei der Infanterie; Pissarro flüchtet in die Bretagne, später nach England; Cézanne entgeht dem Militärdienst, indem er sich nach Aix zurückzieht; Monet geht nach England, wo er die Werke Constables kennenlernt; Morisot ist in Saint-Germain, später in Cherbourg; Bazille tritt in ein Zuaven-Regiment ein und fällt am 28. November in Beaune-la-Rolande; Gauguin dient an Bord des Kreuzers Jérôme-Napoléon.
Maurice Denis, Barlach, Lenin werden geboren, Charles Dickens stirbt.

1871 Waffenstillstandsvertrag in Versailles am 28. Januar.
Pariser Kommune 18. März bis 28. Mai (vgl. S. 11).
Monet und Pissarro lernen in London Durand-Ruel kennen; Pissarros Arbeiten werden in Louveciennes vernichtet, er kehrt aus England zurück; Cézanne kommt nach dem Ende der Kommune wieder nach Paris; Gauguin wird aus der Marine entlassen und Angestellter einer Bank.
Rouault, Feininger, Proust werden geboren.
Nietzsche veröffentlicht *Die Geburt der Tragödie*.

1872 Frankreich zahlt Kriegsentschädigung und verhängt hohe Steuern. Courbet wird aus dem Gefängnis entlassen, in dem er wegen aktiver Teilnahme an der Pariser Kommune gesessen hatte.
Degas malt in der Pariser Oper Oper- und Orchester-Studien; Mary Cassatt zieht endgültig nach Paris; Monet malt »Impression – Aufgehende Sonne« in Le Havre.
Durand-Ruel kauft 23 Gemälde von Manet und stellt Impressionisten in London aus. Dr. Gachet kauft ein Haus in Auvers.
Beardsley wird geboren.

1873 Bankkrach und sechsjährige Wirtschaftskrise. Napoléon III. stirbt.
Courbet flieht in die Schweiz.
Zweiter Salon des Refusés.
Manet hat großen Erfolg mit seinem Bild »Le Bon Bock«; Degas malt »Das Baumwollkontor in New Orleans«, Cézanne »Das Haus des Gehenkten« und »Eine moderne Olympia« und lernt durch Pissarro Père Tanguy kennen; Monet nimmt Bazilles Gedanken an eine Gruppenausstellung wieder auf; Gauguin arbeitet erfolgreich als Börsenmakler und malt nebenbei.
Bakunins *Staatlichkeit und Anarchie* erscheint.

1874 Erste der sogenannten Impressionisten-Ausstellungen bei Nadar: Insgesamt nehmen 30 Künstler mit 165 Arbeiten daran teil; Degas zeigt 10, Pissarro 5, Cézanne 3 (darunter »Eine moderne Olympia«), Monet 12 (darunter »Impression – Aufgehende Sonne«, das zu der Bezeichnung »Impressionismus« für die neue Stilrichtung führt), Renoir 6 (darunter »Die Loge«), Sisley 5 und Berthe Morisot 9 Bilder. Manet nimmt an keiner der Ausstellungen teil.
Louis Leroy veröffentlicht im *Charivari* seine Kritik der Ausstellung unter dem Titel »Exposition des Impressionistes«.
Durand-Ruel stellt Impressionisten in London aus.
Van Gogh ist für kurze Zeit in Paris; Seurat macht seine ersten Zeichnungen.
Lautréamont, Churchill und Schönberg werden geboren, Gleyre stirbt.

1875 Auktion impressionistischer Werke im Hôtel Drouot am 24. März, organisiert von Renoir, Monet, Sisley und Morisot (Durchschnittspreis: 144 Francs). Victor Chocquet lernt hier Renoir kennen und durch ihn Cézanne.
Seurat arbeitet an einer städtischen Kunstschule und liest die *Grammatik der Zeichenkunst* von Charles Blanc; van Gogh arbeitet in Paris bei Goupil.
Rilke, Ravel, Thomas Mann werden geboren, Millet und Corot sterben.

1876 Zweite Impressionisten-Ausstellung.
Beginn der Treffen im Nouvelle Athènes. Degas malt »Absinth«, Renoir »Tanz im Moulin de la Galette« und »Die großen Badenden«; Gauguin stellt eine Landschaft im Salon aus und beginnt, impressionistische Werke zu kaufen (er investiert 15 000 Francs in Bilder von Manet, Cézanne, Pissarro, Renoir, Monet, Sisley, Jongkind, Daumier und anderen).
Duranty veröffentlicht *La Nouvelle Peinture*, Mallarmé *L'Après-midi d'un faune* mit Illustrationen von Manet.
Vlaminck und Paula Modersohn-Becker werden geboren, Bakunin stirbt.
Auf der Weltausstellung in Philadelphia zeigt Graham Bell das erste Telefon; Nikolaus Otto erfindet den Otto-Motor; Schliemann beginnt die Ausgrabungen in Mykene; die ersten Bayreuther Festspiele werden veranstaltet.

1877 Dritte Impressionisten-Ausstellung.
Zweite Auktion impressionistischer Werke im Hôtel Drouot am 28. Mai (Durchschnittspreis: 169 Francs).
Pissarro malt »Die roten Dächer«; Cézanne zieht sich zurück und zeigt für lange Zeit kein Bild mehr in der Öffentlichkeit.
Rivière gibt *L'Impressioniste* heraus.
Dufy, Kubin, Hesse werden geboren, Courbet stirbt.

1878 Weltausstellung in Paris.
Durand-Ruel stellt 300 Bilder der Barbizon-Schule aus.
Seurat tritt in die Ecole des Beaux-Arts ein, studiert Chevreul, Abhandlungen über die Harmonie der Farben und andere theoretische Schriften.
Duret veröffentlicht *Les Impressionistes.*
Daubigny stirbt.

1879 Vierte Impressionisten-Ausstellung. Gauguin nimmt zum erstenmal an der Ausstellung teil (mit einer Skulptur).
Manet zeigt in New York »Die Erschießung Kaiser Maximilians«; Redon veröffentlicht das erste Album mit Lithographien; Seurat verläßt die Ecole des Beaux-Arts, studiert bei Durand-Ruel Renoir und Werke der Barbizon-Maler.
Klee, Einstein, Stalin, Trotzki werden geboren, Daumier stirbt.
Charpentier gründet *La Vie moderne.*
Thomas Edison erfindet die Glühbirne, Werner von Siemens baut die erste elektrische Lokomotive.

1880 Fünfte Impressionisten-Ausstellung.
Derain und Marc werden geboren.

1881 Sechste Impressionisten-Ausstellung.
Van Gogh geht nach Den Haag und lernt bei Mauve und Israels; Manet erhält die Medaille II. Klasse, Ende des Jahres erkrankt er schwer.
Gründung der »Société des Artistes Français«.
Erste Einzelausstellung von Zeichnungen Redons in *La Vie moderne.*
Fénéon kommt nach Paris.
Picasso, Léger, Balla und Lehmbruck werden geboren.

1882 Siebte Impressionisten-Ausstellung.
Georges Petit gründet die »Exposition Internationale«.
Retrospektive Ausstellung Courbets in der Ecole des Beaux-Arts.
Braque, Joyce und Strawinsky werden geboren, Garibaldi, Gambetta und Darwin sterben.

1883 Manet stirbt am 30. April; Gauguin verläßt endgültig die Bank; Seurat beginnt die Arbeit an seinem ersten großen Gemälde »Die großen Badenden«.
Durand-Ruel zeigt impressionistische Werke in London, Berlin und Rotterdam.
Ausstellung japanischer Holzschnitte bei Georges Petit.
Huysmans veröffentlicht *L'Art moderne.*

1884 »Société des Vingt« wird in Brüssel gegründet.
Seurat, Signac und andere gründen in Paris die »Société des Artistes Indépendants«.
Große Manet-Gedächtnis-Ausstellung in der Ecole des Beaux-Arts (93 Gemälde, 30 Pastelle, 14 Aquarelle, 23 Zeichnungen; Gesamterlös 115 000 Francs).
Renoir löst sich vom Impressionismus; Seurat beginnt mit Studien zu »La Grande Jatte«.
Fénéon wird Herausgeber der *Revue Indépendante;* Huysmans veröffentlicht *A Rebourt.*

1885 Pissarro lernt Theo van Gogh kennen und trifft bei Guillaumin Signac, der ihn Seurat vorstellt; er läßt sich von ihrer neuen Maltheorie, dem Divisionismus oder Pointillismus, beeinflussen; Gauguin trennt sich von seiner Familie; Seurat vollendet »La Grande Jatte«; Cézanne ist zu Besuch bei Renoir in La

Rochelle, seine größte Schaffenszeit beginnt (bis 1895), in der über 250 Gemälde entstehen, unter anderem die verschiedenen Variationen der »Kartenspieler«, der »Montagne Saint Victoire« und »Die großen Badenden«; Henri Rousseau tritt in den Ruhestand, um sich der Malerei zu widmen.
Große retrospektive Ausstellung Delacroix' in der Ecole des Beaux-Arts.
Victor Hugo und Carl Spitzweg sterben.
Das Kapital (Band 2) erscheint, herausgegeben von Friedrich Engels. Zola veröffentlicht *Germinal*.

1886 Achte und letzte Impressionisten-Ausstellung und Auflösung der Gruppe.
Georges Petit veranstaltet die »Exposition Internationale« in Paris. Henri Rousseau, der Zöllner, stellt im ersten Salon des Indépendant aus; van Gogh trifft im Atelier Cormon Bernard und Toulouse-Lautrec, lernt durch seinen Bruder Pissarro kennen, kopiert Hiroshige und malt in den 20 Monaten seines Aufenthalts in Paris etwa 200 Bilder; Pissarro stellt seine ersten neoimpressionistischen Bilder aus; Monet überwirft sich mit Durand-Ruel; Sisley verdient sein Geld mit Stoffebemalen, Gauguin als Plakatkleber; Cézanne ist zu Gast bei Victor Chocquet in Hattenville.
Gauguin trifft im Herbst Seurat, Sisley und Pissarro, die die pointillistische Technik anwenden, über die Fénéon in *L'Art moderne* und *La Vogue* begeisterte Artikel schreibt.
Fénéon veröffentlicht *Les Impressionistes en 1886;* Zola publiziert *L'Oeuvre,* das auf seiner Freundschaft mit Cézanne basiert, und verletzt Cézanne so tief, daß dieser mit ihm bricht.
Jean Moréas veröffentlicht sein *Manifest des Symbolismus* und gründet die Zeitschrift *Le Symboliste*.
Berner Copyright-Konvention.

1887 Gauguin geht nach Martinique und bricht mit dem Impressionismus; van Gogh lernt Seurat kennen und wird vom Pointillismus beeinflußt.
Große Millet-Ausstellung in Paris.
Juan Gris, Chagall und Le Corbusier werden geboren.
Wagners *Lohengrin* wird zum erstenmal in Paris aufgeführt.

1888 Monet schließt Vertrag mit Theo van Gogh; Cézannes Name erscheint in verschiedenen symbolistischen Zeitschriften, und Huysmans veröffentlicht einen kurzen Artikel über ihn; Gauguin malt »Jakobs Kampf mit dem Engel«, unterzeichnet einen Vertrag mit Theo van Gogh; Vincent van Gogh fährt nach Arles, malt dort etwa 200 Bilder und schneidet sich am Weihnachtsabend nach einem Streit mit Gauguin ein Ohr ab; Toulouse-Lautrec malt sein erstes Zirkusbild »Im Zirkus Fernando«.

1889 Weltausstellung in Paris, auf der Cézannes »Haus des Gehenkten« gezeigt wird. Errichtung des Eiffelturms.
Das Moulin-Rouge wird auf dem Montmartre eröffnet.
Monet veranstaltet Subskription zum Ankauf von Manets »Olympia«, die er dem Louvre schenkt; Pissarro erkrankt an einer chronischen Augenentzündung; Gauguin kehrt zurück nach Pont-Aven; Monet und Rodin stellen bei Georges Petit aus; van Gogh malt »Kornfeld mit Zypressen«, hat wiederholt Anfälle, Signac besucht ihn; Toulouse-Lautrec beteiligt sich an der Ausstellung der Indépendants (von nun an regelmäßig), malt »Tanz im Moulin Rouge«.
Gründung der Gruppe Nabis (hebr. = die Erleuchteten) unter Führung von Paul Sérusier.
Kandinsky besucht zum erstenmal Paris.
Huysmans veröffentlicht *Certains,* Verlaine *Parallèlement.*
Gründung der Zweiten Internationale in Paris, die den 1. Mai zum Feiertag der Werktätigen erklärt.

1890 Pissarro trennt sich von Seurat; Monet beginnt, seine »Serien« zu malen; Degas fängt an, Kunst zu sammeln; Cézanne erkrankt an Diabetis; van Gogh geht nach Auvers-sur-Oise, wo er sich mit Dr. Gachet anfreundet, malt »Kirche von

Auvers«, »Raben über dem Kornfeld«; er erschießt sich am 27. Juli; im Oktober verliert Theo van Gogh den Verstand.
Vollard kommt von seiner Heimatinsel La Réunion nach Paris und veranstaltet hier seine erste Ausstellung mit 150 Bildern Cézannes.
Ausstellung japanischer Kunst in der Ecole des Beaux-Arts.
Durand-Ruel veröffentlicht *L'Art dans les deux mondes*, Wilde *Das Bildnis des Dorian Gray*.

1891 Cross übernimmt von Seurat und Signac den Pointillismus; Toulouse-Lautrec entwirft das erste moderne Plakat für das Moulin-Rouge; Gauguin läßt im Hôtel Drouot am 23. Februar 30 Gemälde versteigern; verläßt Paris am 4. April und trifft am 28. Juni in Tahiti ein; am 21. Januar stirbt Theo van Gogh; Seurat und Jongkind sterben.
Große Gedächtnis-Ausstellungen Vincent van Goghs in Brüssel und bei den Indépendants.
Die Gebrüder Natanson gründen *La Revue blanche*, deren Herausgeber Fénéon wird.

1892 Degas stellt zum letzten Mal bei Durand-Ruel aus; Gauguin erkrankt schwer.
Erste Schau der Rosenkreuzer bei Durand-Ruel.
Münchner Sezession wird gegründet.
Debussy komponiert *L'Après-midi d'un faune*, Hauptmann veröffentlicht *Die Weber*.
Der Panama-Skandal erschüttert Frankreich.

1893 »Société des Vingt« löst sich auf.
Monet malt die Bilder-Serie der Kathedrale von Rouen; Gabrielle wird Renoirs bevorzugtes Modell; Gauguin kommt nach Frankreich zurück; Signac beginnt ein Tagebuch zu führen; Caillebotte stirbt und hinterläßt seine Sammlung dem Staat (der 1894 38 Bilder akzeptiert).
Vollard eröffnet eine kleine Galerie in der Rue Laffitte.
Père Tanguy und Maupassant sterben.
Gide veröffentlicht *Voyage d'Urien* mit Illustrationen von Maurice Denis.
Rudolf Diesel erfindet den Diesel-Motor.

1895 Gauguin geht wieder nach Tahiti; Berthe Morisot stirbt.

1896 Die Zeitschrift *Jugend* erscheint in Deutschland und gibt dem Jugendstil seinen Namen.

1897 Gauguin malt »Woher kommen wir? Wer sind wir? Wohin gehen wir?«; Rousseau malt »Die Schlafende Zigeunerin« (mit Krug und Mandoline, später bevorzugtes Motiv des Kubismus).

1898 Victor Chocquet stirbt.

1899 Signac veröffentlicht *D'Eugène Delacroix au Néo-Impressionisme*.
Sisley stirbt. Versteigerung der Sammlung Chocquets am 3.–4. Juli.

1903 Pissarro stirbt.

1904 Matisse malt mit Cross und Signac in Saint-Tropez.
Große Signac-Ausstellung in der Galerie Druet.
Cézanne wird im Salon d'Automne ein ganzer Raum gewidmet.

1906 Cézanne stirbt. Picasso malt »Les Demoiselles d'Avignon«.

1917 Degas stirbt.

1919 Renoir stirbt.

1920 Monet beginnt die Serie der Seerosen-Bilder.

1926 Monet stirbt.

1927 Guillaumin stirbt.

1928 Die Sammlung Caillebotte kommt in den Louvre (darunter »Die Schaukel« und »Tanz im Moulin de la Galette« von Renoir und »Die roten Dächer« von Pissarro).

DuMont Taschenbücher

Stand Frühjahr '92

2 Janson, Malerei unserer Welt
3 Macke, Die Tunisreise
4 Schneede, Magritte
6 Thomas, DuMont's kleines Sachwörterbuch zur Kunst des 20. Jahrhunderts
8 Geelhaar, Paul Klee
13 Muller, DuMont's kleines Lexikon des Expressionismus
14 Jensen, C. D. Friedrich
15 Klein, DuMont's kleines Sachwörterbuch der Drucktechnik und grafischen Kunst
18 Richter, Geschichte der Malerei im 20. Jahrhundert
23 Keller, Marc Chagall
25 Sterner, Jugendstil
26 Jensen, Spitzweg
28 Holländer, Hiernoymus Bosch
30 Pawlik, Malen lernen
31 Setz, DuMont's kleines Lexikon des Impressionismus
32 Schneede, George Grosz
33 Panofsky, Sinn und Deutung in der bildenden Kunst
35 van Uitert, Vincent van Gogh
37 Haak, Rembrandt
38 Tetzlaff, Romanische Kapitelle in Frankreich
39 Effers, TANGRAM
40 Pach, Renoir
44 Baumgart, DuMont's kleines Sachlexikon der Architektur
47 Vogt, Der Blaue Reiter
56 Tetzlaff, Romanische Portale in Frankreich
59 Munsterberg, Zen-Kunst
65 Küppers, Das Grundgesetz der Farbenlehre
66 Loyd/Gardner, Mathematische Rätsel und Spiele
69 Burger, Norwegische Stabkirchen
70 Gombrich, Kunst und Fortschritt
71 Pierre, DuMont's kleines Lexikon der Pop Art
73 Sterner, Barcelona: Antoni Gaudi
74 Kleßmann, Die deutsche Romantik
77 Hainke, Siebdruck
78 Rüdiger, Die gotische Kathedrale
83 Kaemmerling, Ikonographie und Ikonologie
84 Leber, Plastisches Gestalten
85 Loyd/Gardner, Noch mehr mathematische Rätsel und Spiele
88 Walters/Sterner, Jugendstil-Graphik
90 Grassi, Die Theorie des Schönen in der Antike
91 Leber, Aquarellieren lernen
93 Effers/Schuyt, Das Hexenspiel
95 Henning, Japanische Gartenkunst
99 Fischer, Wasserburgen im Münsterland
101 Freier, Fotografieren lernen - Sehen lernen
103 Badt, Die Farbenlehre van Goghs
112 Adrion, Die Kunst zu zaubern
114 Schulz, Der Kuckuck und der Esel
115 Hofmann, Ton
117 Assunto, Die Theorie des Schönen im Mittelalter
123 Winzer, DuMont's Lexikon der Möbelkunde
124 Dohmen, Die Lithographie
127 Schulz, Rapunzel
128 Bro, Wie lerne ich zeichnen
130 Gruber/Vedder, DuMont's Handbuch der Video-Praxis
131 Keilhauer, Die Bildsprache des Hinduismus
133 Salberg-Steinhardt, Die Schrift
135 Schüssler, Die ägyptischen Pyramiden
137 Pevsner, Wegbereiter moderner Formgebung
139 Schulz, Guten Tag!
142 Wittkower, Allegorie und Wandel der Symbole
143 Warnke, Politische Architektur
144 Magall, Kleine Geschichte der jüdischen Kunst
145 Fixx, Rätsel und Denkspiele mit Seitensprung
146 Hagen, Meisterwerke europäischer Kunst
148 Violet, Kleine Geschichte der japanischen Kunst
149 Treat, Detektive auf dem Glatteis
150 Lavizzani-Raeuber, Thangkas – Rollbilder aus dem Himalaya
156 Stützer, Kleine Geschichte der römischen Kunst
157 Maenz, Die 50er Jahre
159 Rolf, Kleine Geschichte der chinesischen Kunst
160 Freier/Sarrazin, Fotos: Selbst entwickeln – Selbst vergrößern
163 Küppers, Die Farbenlehre der Fernseh-, Foto- und Drucktechnik
164 Gallagher, Wohnzimmerspiele – alt und neu